PRIX DE PHOTOGRAPHIE ENVIRONNEMENTALE

FONDATION PRINCE ALBERT II DE MONACO

2024

ENVIRONMENTAL PHOTOGRAPHY AWARD

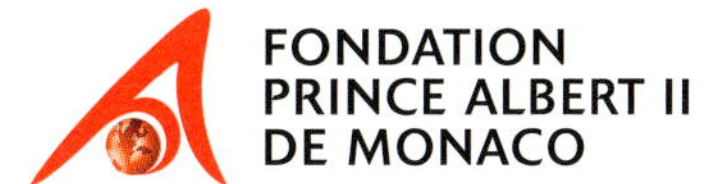

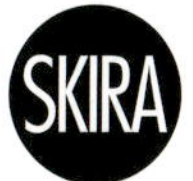

Cet ouvrage est publié à l'occasion de la quatrième édition du Prix de Photographie Environnementale de la Fondation Prince Albert II de Monaco.

This book is published on the occasion of the 4th edition of the Environmental Photography Award of the Prince Albert II of Monaco Foundation.

L'édition 2024 du Prix de Photographie Environnementale, ainsi que l'exposition à laquelle elle a donné lieu, ont bénéficié du soutien de :

The 2024 edition of the Environmental Photography Award as well as the exhibition to which it gave rise have been supported by:

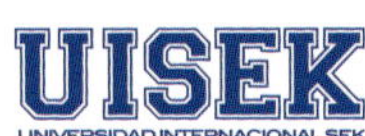
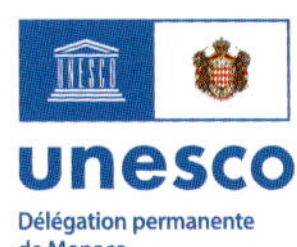
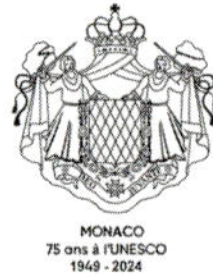
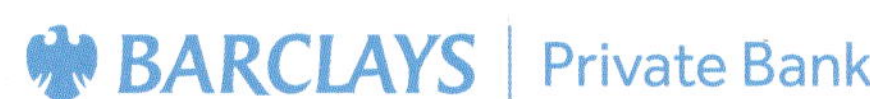

Remerciements

La Fondation Prince Albert II de Monaco remercie le jury du Prix de Photographie Environnementale 2024, composé de photographes renommés et de personnalités engagées en faveur de la conservation : Javier Aznar, Jasper Doest, Esther Horvath, Britta Jaschinski, Alexa Keefe, Alex Mustard et Steve Winter.

De sincères remerciements sont aussi adressés au photographe Sergio Pitamitz pour son assistance et son implication en tant que président du concours.

La Fondation exprime sa gratitude à l'égard de Barclays Private Bank et de Gérald Mathieu, Directeur de la Banque Privée Europe et Moyen-Orient, et CEO Barclays Monaco, et de l'Université internationale SEK, dirigée par le Dr Jorge Segovia Bonet, Président du Conseil Supérieur, pour leur soutien fidèle, ainsi qu'à S.E. Mme Anne-Marie Boisbouvier, Ambassadeur, Délégué permanent de la Principauté de Monaco auprès de l'UNESCO, pour le partenariat noué dans le cadre de la célébration des 75 ans de l'adhésion de la Principauté de Monaco à l'UNESCO.

La Fondation Prince Albert II de Monaco remercie enfin toutes les personnes qui ont participé, d'une manière ou d'une autre, à la mise en œuvre de l'exposition et au rayonnement du Prix de Photographie Environnementale.

Acknowledgements

The Prince Albert II of Monaco Foundation would like to thank the jury for the 2024 Environmental Photography Award, made up of renowned photographers and personalities committed to conservation: Javier Aznar, Jasper Doest, Esther Horvath, Britta Jaschinski, Alexa Keefe, Alex Mustard and Steve Winter.

Sincere thanks are also due to photographer Sergio Pitamitz for his assistance and involvement as contest chairman.

The Foundation would like to express its gratitude to Barclays Private Bank and Gérald Mathieu, Head of Private Bank Europe and Middle East & CEO of Barclays Monaco, and to SEK International University, led by Dr Jorge Segovia Bonet, Chairman of the Superior Council, for their loyal support, as well as to HE Ms Anne-Marie Boisbouvier, Ambassador, Permanent Delegate of the Principality of Monaco to UNESCO, for the partnership established as part of the celebration of the 75th anniversary of the Principality of Monaco's membership of UNESCO.

Finally, the Prince Albert II of Monaco Foundation would like to thank all those who have contributed in one way or another to the organisation of the exhibition and the promotion of the Environmental Photography Award.

❝ Nous savons combien la photographie sait donner à voir et à émouvoir. Mais elle peut aussi donner à réfléchir et à agir. Elle incite à ne pas détourner le regard des réalités qui dérangent. Elle convainc de ne pas baisser les yeux face au danger. C'est ce que nous rappellent les photographies lauréates du Prix de Photographie Environnementale de ma Fondation. Qu'elles évoquent la situation de notre Planète, de ses espèces ou de ses écosystèmes, les images de la sélection 2024 témoignent des engagements de leurs photographes : variés et militants, curieux et audacieux, émouvants et inspirants. J'espère qu'elles sauront toucher le public le plus large possible, lecteurs de ce livre ou spectateurs des expositions itinérantes auxquelles le Prix donnera lieu.

S.A.S. le Prince Albert II de Monaco

❝ *We know how much photography can show us and move us. But it can also make us think and take action. It forces us to look unsettling realities in the face. It compels us to open our eyes to danger. The winning photographs of my Foundation's Environmental Photography Award do just that. Whether portraying the situation of our Planet, its species or its ecosystems, the images in the 2024 selection are a testament to the diverse, activist, curious, daring, moving and inspiring commitment of the photographers who captured them. I hope they will touch the widest possible audience, including those reading this book and those visiting the Award's touring exhibitions.*

HSH Prince Albert II of Monaco

THE PRINCE ALBERT II OF MONACO FOUNDATION

Founded in 2006 by HSH Prince Albert II of Monaco, the Foundation is a global non-profit organisation committed to progressing planetary health for current and future generations by co-creating initiatives and supporting hundreds of projects across the world.

Operating in three main geographical regions – the Mediterranean Region, the polar regions and the least developed countries – the Prince Albert II of Monaco Foundation has already granted over 110 million euros to support more than 780 projects aimed at reducing the effects of climate change, promoting renewable energy, protecting the ocean, preserving marine and terrestrial biodiversity, managing water resources and fighting deforestation.

The Prince Albert II of Monaco Foundation's Environmental Photography Award was created in 2021, in honour of the Foundation's 15th anniversary, and aims to reward photographers whose creative purpose serves to raise awareness about the protection of the environment. Its exhibitions have already travelled to Italy, San Marino, Spain, the United States and France.

LA FONDATION PRINCE ALBERT II DE MONACO

Fondée en 2006 par S.A.S. le Prince Albert II de Monaco, la Fondation est une organisation internationale à but non lucratif, qui s'engage à faire progresser la santé planétaire pour les générations actuelles et futures en cocréant des initiatives et en soutenant des centaines de projets à travers le monde.

Œuvrant dans trois grandes régions géographiques – le bassin méditerranéen, les régions polaires et les pays les moins avancés – la Fondation Prince Albert II de Monaco a déjà accordé plus de 110 millions d'euros pour soutenir plus de 780 projets visant à limiter les effets du changement climatique, à promouvoir les énergies renouvelables, à protéger l'océan, à préserver la biodiversité marine et terrestre, à gérer les ressources en eau et à lutter contre la déforestation.

Le Prix de Photographie Environnementale de la Fondation Prince Albert II de Monaco a été créé en 2021, à l'occasion de son quinzième anniversaire, et récompense les photographes qui mettent leur créativité au service de la sensibilisation à la protection de l'environnement. Ses expositions ont déjà voyagé en Italie, à Saint-Marin, en Espagne, aux États-Unis et en France.

Inspiring change

Through the Environmental Photography Award, the Prince Albert II of Monaco Foundation highlights the work of photographers who document the various realities of our world with passion and conviction. Whether denouncing the human activities that are destroying our environment or raising awareness of the many conservation projects in existence, their focus is always on protecting the nature that we are part of and its complex ecosystems that are vital for the planet's good health.

The 2024 Environmental Photography Award draws on the deep commitment of the women and men working behind the lens to inspire change. Presented to the general public, their images have the power to both communicate information and elicit emotions in the blink of an eye, encouraging new perspectives on ecological issues.

The keen interest aroused by this fourth edition of the competition, which has brought together more than 11,000 images by 2,600 photographers from 134 countries, demonstrates just how many of us are striving to protect our planet.

Inspirer le changement

À travers le Prix de Photographie Environnementale, la Fondation Prince Albert II de Monaco met en valeur le travail de photographes qui documentent, avec passion et conviction, les différentes réalités de notre monde. Qu'il s'agisse de dénoncer les actions humaines contribuant à la destruction de notre environnement ou de faire connaître les multiples projets de conservation existants, il est toujours question de protéger la nature à laquelle nous appartenons et ses écosystèmes complexes indispensables à la bonne santé planétaire.

Le Prix de Photographie Environnementale 2024 se nourrit de la force d'engagement de ces femmes et de ces hommes qui œuvrent derrière l'objectif pour inspirer le changement. À la rencontre du public, leurs images ont le pouvoir de livrer, de manière immédiate, autant d'informations que d'émotions, permettant ainsi de nouveaux regards sur les enjeux écologiques.

L'engouement suscité par cette quatrième édition du concours, qui a réuni plus de 11 000 clichés de 2 600 photographes en provenance de 134 pays, nous rappelle combien nous sommes nombreux à nous battre pour la préservation de notre planète.

 Les images parlent immédiatement et de manière universelle au public. C'est pourquoi nous sommes certains que les photos de la sélection 2024 sauront toucher les spectateurs : elles mettent en lumière la diversité et la beauté des endroits sauvages de notre planète, et surtout, elles témoignent non seulement des désastres que l'homme crée dans la nature, mais aussi de l'espoir porté par les nombreuses actions positives menées dans le monde entier. En ce qui concerne la photographie environnementale de l'année, élue à l'unanimité par le jury, elle capture l'une des espèces animales les plus intelligentes au monde dans une composition graphique dont la charge émotionnelle confère à l'obsession. Cette photo restera longtemps dans l'esprit de tous ceux qui la verront.

Alex Mustard, Président du jury

66 *Visual images speak immediately and universally to an audience. That's why we feel the photos of the 2024 edition will reach out to the public: they highlight the diversity and beauty of the wild places on our planet, and importantly, they bear witness not only to the disasters that man is creating in nature, but also to the hope borne by the many positive actions being taken around the world. The Environmental Photographer of the Year, voted unanimously by the jury, captures one of the world's most intelligent species in a graphic composition that is emotionally haunting. This photo will live long in the minds of all who see it.*

Alex Mustard, President of the Jury

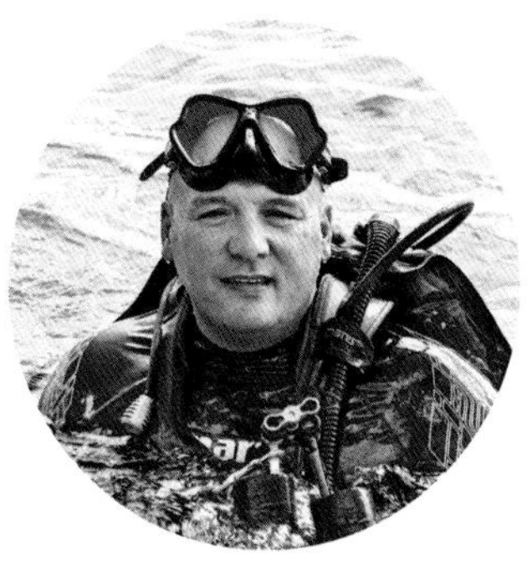

Alex Mustard

Royaume-Uni – *United Kingdom*

Titulaire d'un doctorat en biologie marine, Dr Alex Mustard se concentre, depuis 2004, sur la photographie et plus particulièrement la photographie sous-marine. Il a gagné de nombreux prix internationaux depuis son adolescence, et son travail a notamment été mis en valeur à travers le prestigieux concours Wildlife Photographer of the Year, dont quinze catalogues au cours des vingt dernières années ont présenté ses photographies. En 2013, il a été lauréat du European Wildlife Photographer of the Year, et premier photographe sous-marin à obtenir ce titre. Alex est aussi reconnu pour l'attention qu'il porte au partage de ses connaissances, comme en atteste le succès de son ouvrage *Underwater Photography Masterclass* (2016), réimprimé deux semaines seulement après sa sortie. En 2018, il obtient une reconnaissance nationale, devenant membre de l'ordre de l'Empire britannique de sa Majesté la reine Élisabeth II pour « services rendus à la photographie sous-marine ».

Dr Alex Mustard has a Ph.D in marine ecology, but since 2004 his career has been photography and especially underwater photography. He has won international awards since his teenage years, and his work is particularly well known from the Wildlife Photographer of the Year contest where it has featured in 15 different portfolio books of winning photographs over the last 20 years. In 2013, he was named overall winner of the European Wildlife Photographer of the Year, and was the first underwater winner of that title. Alex is especially known for sharing his knowledge – his best-selling book Underwater Photography Masterclass *(2016) was reprinted just two weeks after being released. In 2018, he gained national recognition, receiving the title of Member of the Order of the British Empire from Queen Elizabeth II for 'services to underwater photography'.*

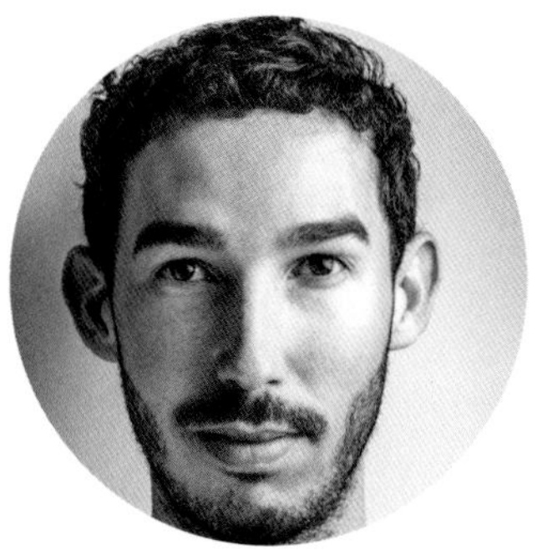

Javier Aznar
Espagne – *Spain*

Javier Aznar est un photographe professionnel dont le travail se concentre sur l'histoire naturelle, la conservation de la vie sauvage, et les liens que les hommes entretiennent avec elle. Ses photographies, nourries par sa formation en biologie, offrent un point de vue personnel sur la nature dans son état le plus sauvage et le plus fascinant. Javier est convaincu que le pouvoir de la photographie peut contribuer à préserver la planète ainsi que les animaux et les plantes qu'elle abrite. À travers ses images, il espère attirer l'attention du public sur le besoin urgent de protéger la vie sauvage. Javier est membre associé de la Ligue internationale des photographes de conservation (iLCP) et membre de The Photo Society. Il est également photographe *National Geographic* et son travail a été publié dans des magazines internationaux tels que *Ranger Rick, BBC Wildlife, Smithsonian Magazine* et *Geolino*, entre autres. Ses photographies ont reçu de multiples prix internationaux, dont celui du Portfolio pour Wildlife Photographer of the Year en 2018.

Javier Aznar is a professional photographer focused on natural history and wildlife conservation, and its relationship with humans. With his background in biology, his photographs aim to offer a personal point of view of nature in its wildest and most fascinating state. Javier believes the power of photography can be used to help conserve the planet and the animals and plants that live on it. Through his pictures he hopes to draw the public's attention to the pressing need to protect wildlife. Javier is an Associate Fellow of the International League of Conservation Photographers (iLCP) and a member of The Photo Society. He is also a National Geographic *photographer and his work has been published in international magazines such as* Ranger Rick, BBC Wildlife, Smithsonian Magazine *and* Geolino *among others. His photographs have received multiple international awards, including the Portfolio winner in Wildlife Photographer of the Year 2018.*

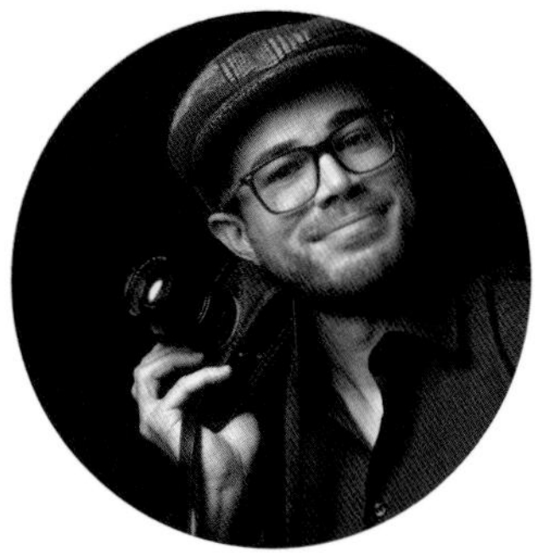

Jasper Doest
Pays-Bas – *Netherlands*

Le photographe néerlandais Jasper Doest, collaborateur du magazine *National Geographic*, crée des histoires visuelles qui explorent la relation entre l'homme et la nature. Diplômé en écologie, Jasper sait que la vie humaine dépend de tout ce que notre planète peut nous offrir, mais il constate pourtant sans cesse combien nos modes de consommation actuels ne sont pas durables. Convaincu que la photographie peut amorcer le changement, Jasper est membre de la Ligue internationale des photographes de conservation (iLCP) et ambassadeur du Fonds mondial pour la nature (WWF). Il a reçu, entre autres, quatre prix World Press Photo et a été nommé European Wildlife Photographer of the Year en 2020 ainsi que Photographe Environnemental de l'année en 2023 par la Fondation Prince Albert II de Monaco.

Dutch photographer Jasper Doest creates visual stories that explore the relationship between humankind and nature and is a contributing photographer to National Geographic *magazine. Having majored in ecology, Jasper knows human life depends on everything our planet has to offer, yet he recognizes the unsustainable nature of the current human patterns of consumption. As a true believer in the power of photography to initiate change, Jasper is an International League of Conservation Photographers (iLCP) senior fellow and a World Wildlife Fund ambassador. His accolades include four World Press Photo Awards and in 2020 he was named European Wildlife Photographer of the Year as well as Environmental Photographer of the Year in 2023 by the Prince Albert II of Monaco Foundation.*

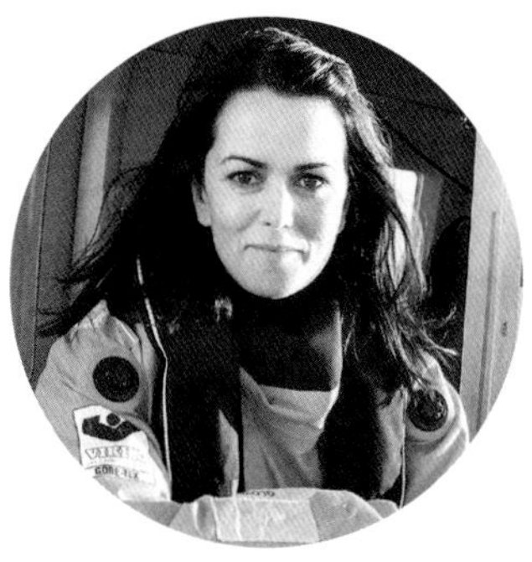

Esther Horvath
Hongrie – *Hungary*

Photographe pour *National Geographic* et pour l'Institut Alfred-Wegener pour la recherche polaire et marine, Esther Horvath est spécialisée dans la recherche climatique dans les régions polaires. Depuis 2015, elle se consacre à la photographie en Arctique et en Antarctique, où elle a documenté vingt-deux expéditions scientifiques, ainsi que le travail au quotidien des climatologues. En 2020, elle a reçu le premier prix du World Press Photo Award dans la catégorie Environnement. En 2022, elle a été lauréate du prix Infinity du Centre international de la photographie de New York pour son travail de sensibilisation à la protection de la nature, à la justice environnementale et au changement climatique. Son reportage photographique sur MOSAiC, la plus grande expédition dans l'océan Arctique, a été publié par Prestel Publishing en édition allemande, *Expedition Arktis*, et en édition anglaise, *Into the Arctic Ice*. Esther publie ses travaux dans *National Geographic,* le *New York Times, GEO, Stern, TIME* et *Audubon Magazine*, entre autres. Elle est ambassadrice Nikon, membre de la Ligue internationale des photographes de conservation (iLCP) et membre de l'Explorers Club. Elle est ambassadrice de la marque Nikon.

As a photographer for National Geographic as well as the Alfred Wegener Institute for Polar and Marine Research, Esther Horvath focuses on documenting climate research in the polar regions. Since 2015, she has dedicated herself to photography in the Arctic and Antarctic where she has covered 22 scientific expeditions, and behind-the-scenes stories of climate science. In 2020 she was awarded first prize in the World Press Photo Award in the Environment single category. In 2022, she received the Infinity Award from the International Center of Photography in New York for her work raising awareness about conservation, environmental justice and climate change. Her photography about the largest Arctic Ocean expedition of our history, called MOSAiC, was published by Prestel Publishing under the title Expedition Arktis *(German edition) and* Into the Arctic Ice *(English edition). Esther publishes her work in* National Geographic, The New York Times, GEO, Stern, TIME, *and* Audubon Magazine, *among others. She is a Nikon Ambassador, fellow of the International League of Conservation Photographers (iLCP) and a member of The Explorers Club. She is a Nikon ambassador.*

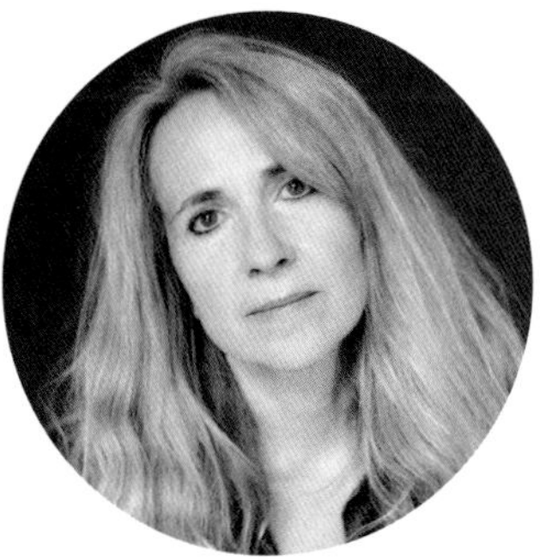

Britta Jaschinski
Royaume-Uni et Allemagne – *United Kingdom and Germany*

Connue pour son style unique, la photojournaliste Britta Jaschinski, spécialisée dans les crimes contre la nature, a remporté de nombreux prix internationaux. Elle travaille avec des gouvernements, des organisations environnementales, des associations caritatives et des ONG. Lorsqu'elle n'est pas en mission, elle participe à des jurys de concours photo internationaux ou intervient dans des festivals européens, dédiés à la photographie comme à l'environnement, pour parler du rôle du photographe dans la protection de la nature. Ses reportages d'investigation et ses spectacles multimédias sur le commerce des espèces sauvages sont bouleversants mais toujours inspirants. Les images de Britta sont publiées par *Geo, National Geographic, Stern, Spiegel, The Guardian, WWF Media, Süddeutsche Zeitung* et de nombreux autres magazines, journaux et livres. Ses photographies, très prisées, sont exposées dans le monde entier. Elle est co-créatrice de Photographers Against Wildlife Crime, un groupe international de photographes unis pour mettre un terme au commerce illégal des espèces sauvages, à travers une publication regroupant leurs images les plus emblématiques. Elle est ambassadrice de la marque Leica.

Known for her unique style of photojournalism and specialised in crimes against nature, Britta Jaschinski has won numerous international awards. She works with governments, environmental organisations, charities and NGOs. When not on assignment, she can be found participating as a jury member for international photo competitions or speaking at European photo or nature festivals, where she gives talks about conservation through photography. Her investigative images and multimedia shows about the wildlife trade are hard-hitting yet always inspiring. Britta's work is published by Geo, National Geographic, Stern, Spiegel, The Guardian, WWF Media, Süddeutsche Zeitung *and numerous other magazines, newspapers, and books. Her highly collectible photos are exhibited worldwide. She is the co-creator of Photographers Against Wildlife Crime, an international group of photographers who have joined forces to use their iconic images to help bring an end to the illegal wildlife trade in our lifetime. She is a Leica Camera ambassador.*

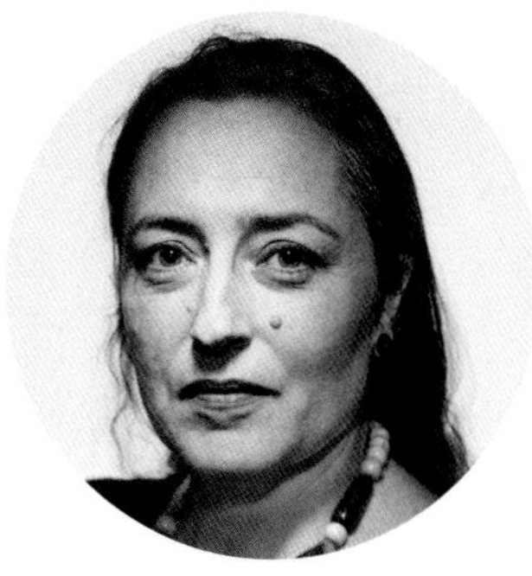

Alexa Keefe

États-Unis – *United States*

Alexa Keefe est rédactrice photo senior « faune sauvage » pour le magazine *National Geographic*. Elle conçoit la narration visuelle de récits multiplateformes liés à la conservation, à l'histoire naturelle et aux rapports entre êtres humains et animaux. Ayant rejoint *National Geographic* en 2011 en tant que productrice photo, elle a été l'une des fondatrices de *Proof*, la plateforme numérique de *National Geographic*, visant à mettre en lumière les aventures des conteurs d'images à travers le monde. Elle est membre de la Ligue internationale des photographes de conservation (iLCP) et a fait partie du jury pour le College Photographer of the Year, le prix Social Documentary Network's ZEKE et pour les Daylight Photo Awards. Elle a également animé des conférences et des ateliers lors du Indian Photo Festival. La qualité de son travail en tant qu'éditrice photo a été saluée par la National Press Photographers Association, Pictures of the Year International et la Society of Publication Designers.

Alexa Keefe is the senior photo editor for wildlife at National Geographic magazine, shaping the visual narrative for cross-platform stories related to conservation, natural history, and the intersection between humans and animals. She first joined National Geographic in 2011 as a photography producer and then became one of the founding editors of Proof, National Geographic's award-winning digital series highlighting the experiences of visual storytellers from around the world. She is a member of the International League of Conservation Photographers (iLCP) and has served on the jury panel for College Photographer of the Year, the Social Documentary Network's ZEKE award, and the Daylight Photo Awards. She was a featured speaker and workshop leader at the Indian Photo Festival. Alexa's photo editing work has been recognised by the National Press Photographers Association, Pictures of the Year International, and the Society of Publication Designers.

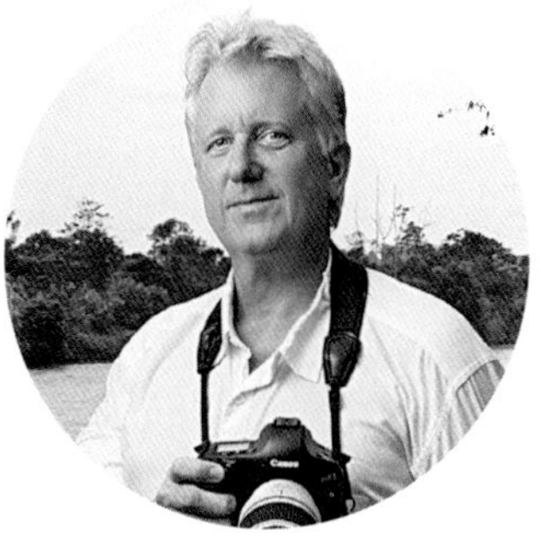

Steve Winter

États-Unis – *United States*

Steve Winter est photojournaliste animalier pour *National Geographic* depuis plus de vingt ans, réalisant des reportages sur certains des animaux les plus insaisissables et les plus emblématiques du monde, et spécialiste des grands félins. Ses documentaires sur les jaguars, les léopards, les tigres et les lions grimpeurs ont été diffusés sur Nat Geo WILD et Disney+. Explorateur Nat Geo, son travail a été récompensé par de nombreux prix internationaux : BBC Wildlife Photographer of the Year et BBC Wildlife Photojournalist of the Year, le prix du meilleur reportage sur la nature au World Press Photo en 2008, 2014 et 2020, le prix Global Vision de Picture of the Year International à deux reprises, ainsi que des récompenses EXPOSURE 2019 et HIPA en 2017. Steve a participé à de nombreuses émissions sur CBS, NPR, BBC, CNN et d'autres chaînes, dont 60 Minutes et CBS Evening News, et intervient sur les grands félins et les sujets de conservation dans le monde entier pour Nat Geo LIVE. Son travail produit des effets concrets : son image emblématique du puma P-22 sous le panneau Hollywood a contribué à la création du plus grand passage pour animaux sauvages au monde ; son reportage sur le Temple des Tigres en Thaïlande a servi de preuve pour le trafic d'animaux sauvages et a incité les autorités à le fermer ; son travail sur les jaguars au Brésil a contribué à leur préservation ; et son reportage sur les tigres en captivité aux États-Unis a donné lieu à l'adoption d'une nouvelle loi, la « Big Cat Public Safety Act », visant à protéger les grands félins en captivité.

Steve Winter has been a wildlife photojournalist for National Geographic for over two decades, producing stories on some of the world's most elusive and iconic animals—and specializing in big cats. His documentary films on jaguars, leopards, tigers, and tree-climbing lions have aired on Nat Geo WILD and Disney+. He is a Nat Geo Explorer and his work has been recognised with numerous international awards: he's been named BBC Wildlife Photographer of the Year and BBC Wildlife Photojournalist of the Year; received top nature story honours from World Press Photo in 2008, 2014 and 2020; and is a two-time winner of Picture of the Year International's Global Vision Award; and received awards from EXPOSURE 2019 and HIPA (2017). Steve has appeared on 60 Minutes, CBS Evening News, NPR, BBC, CNN and other outlets and he speaks globally on big cats and conservation for Nat Geo LIVE. His work has impact. His iconic image of the cougar P-22 under the Hollywood sign helped create what will be the world's largest wildlife overpass; his story on the Thai Tiger Temple proved wildlife trafficking and prompted officials to shut it down; his work on jaguars in Brazil has helped them rebound; and his story on captive tigers in the US helped pass a new law, the Big Cat Public Safety Act.

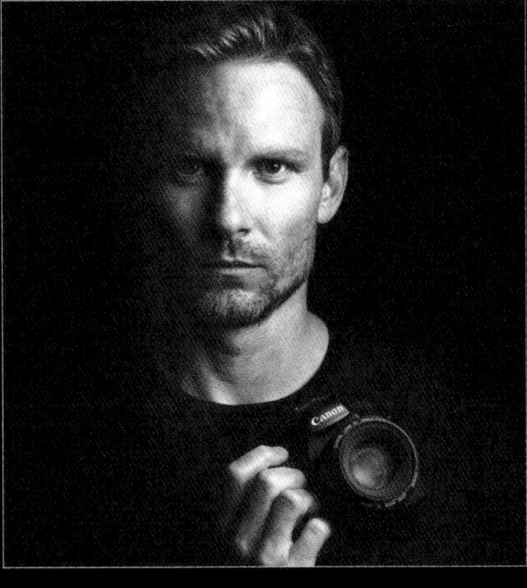

Aaron Gekoski
Royaume-Uni et États-Unis
United Kingdom and United States

Aaron Gekoski est un photojournaliste et réalisateur de renommée internationale, spécialisé dans les conflits homme-animal. Depuis plus de quinze ans, il parcourt le monde pour rendre compte de notre relation complexe avec les animaux sauvages. Couvrant des sujets tels que le commerce illégal d'espèces sauvages et d'animaux de compagnie, la déforestation, la conservation marine et le tourisme animalier, ses images ont été publiées par *National Geographic, BBC, GEO, The Guardian, The Times, Newsweek*, et bien d'autres, ainsi que dans de nombreux ouvrages internationaux. Son travail a été présenté dans la plupart des grands concours photographiques et il a déjà été lauréat, entre autres, de prix Wildlife Photographer of the Year, Nature Photographer of the Year, International Photography Awards, Africa Geographic Photographer of the Year. Aaron a produit ou participé à plus de cent documentaires, courts et longs métrages. *Eyes of the Orangutan* a récemment été sélectionné pour le prix du meilleur film de conservation au prestigieux Jackson Wild Film Festival, et Aaron a été nommé pour le prix Best On-Screen Talent au Wildscreen Panda Awards. Son long métrage, *Dethroned*, sera projeté en avant-première cette année.

Aaron Gekoski is an internationally-acclaimed photojournalist and filmmaker, specialising in human-animal conflict. For more than 15 years, he has travelled the globe to report on our complex relationship with wildlife. Covering issues from the illegal wildlife and pet trade, to deforestation, marine conservation and wildlife tourism, his images have appeared in publications such as National Geographic, BBC, GEO, The Guardian, The Times, Newsweek, *and many more, along with numerous international books. His work has featured in most of the top photographic competitions and he is a previous winner at Wildlife Photographer of the Year, Nature Photographer of the Year, International Photography Awards, Africa Geographic Photographer of the Year, and others. Aaron has produced or featured in over 100 short and long-form documentaries. Eyes of the Orangutan was recently up for Best Conservation Film at the prestigious Jackson Wild Film Festival, with Aaron nominated for Best On-Screen Talent at the Wildscreen Panda Awards. His feature film,* Dethroned, *premieres this year.*

PHOTOGRAPHE ENVIRONNEMENTAL 2024

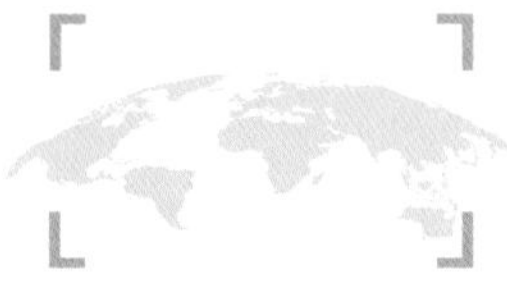

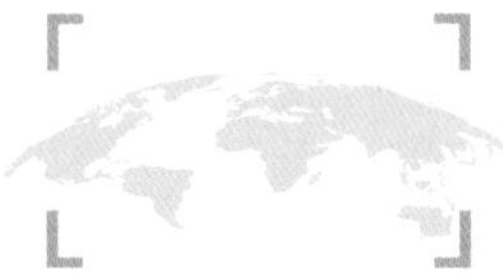

Aaron Gekoski

See No Evil

Orangs-outans exploités par l'industrie du tourisme, Thaïlande, 2023
Orangutans exploited by the tourism industry, Thailand, 2023

" Partageant 97 % de notre ADN, les orangs-outans font partie des animaux les plus appréciés des zoos du monde entier. Au Safari World, à Bangkok, en Thaïlande, ils participent chaque jour à des spectacles où ils dansent en bikini, font du vélo et se battent les uns contre les autres ; ils sont aussi utilisés pour des séances de photos. Des activités qu'ils pratiquent pendant des heures, bien qu'ils soient naturellement des animaux timides et solitaires. En 2004, plus de cent orangs-outans ont été confisqués à Safari World après que des tests ADN ont prouvé qu'ils avaient été importés illégalement d'Indonésie. Pourtant, quelques années plus tard, les spectacles ont recommencé. À des fins d'attraction touristique, les jeunes orangs-outans sont capturés à l'état sauvage et leurs mères sont tuées. Ils sont dressés à l'aide de méthodes cruelles, entre violences physiques et privations de nourriture. Lorsqu'ils deviennent trop vieux, ils sont enfermés dans des cages pour le reste de leur vie. Cette photo de Ning Nong, une femelle de 24 ans, a été prise dans le cadre d'une mission pour l'ONG américaine Lady Freethinker. Depuis plus de cinq ans, j'étudie l'exploitation des orangs-outans dans l'industrie du tourisme et je voyage dans le monde entier pour documenter le sort de ces animaux en captivité.

" *Sharing 97% of our DNA, orangutans are one of the most well-loved animals in zoos all over the world. At Safari World, in Bangkok, Thailand, they are used every day in boxing shows, where they have to dance in bikinis, ride bikes and fight each other. They are also used for photo opportunities; they are obliged to do these activities for hours on end, despite being naturally shy, solitary animals. In 2004, over 100 orangutans were confiscated from Safari World after DNA tests proved they were being brought illegally from Indonesia. However, within a few years, the shows started all over again. In order to supply wildlife tourism attractions, young orangutans are stolen from the wild, and their mothers are killed. They are trained using cruel methods, such as beatings and food deprivation. When they become too old, they are locked away in cages for the rest of their lives. This photo of Ning Nong, a 24-year-old female, was taken on assignment for American NGO, Lady FreeThinker. I have been looking into the orangutan tourism industry for more than five years now, travelling the world to document the plight of orangutans in captivity.*

70-200 mm f/2.8 Lens - 1/40 sec at f/5 ISO 1000

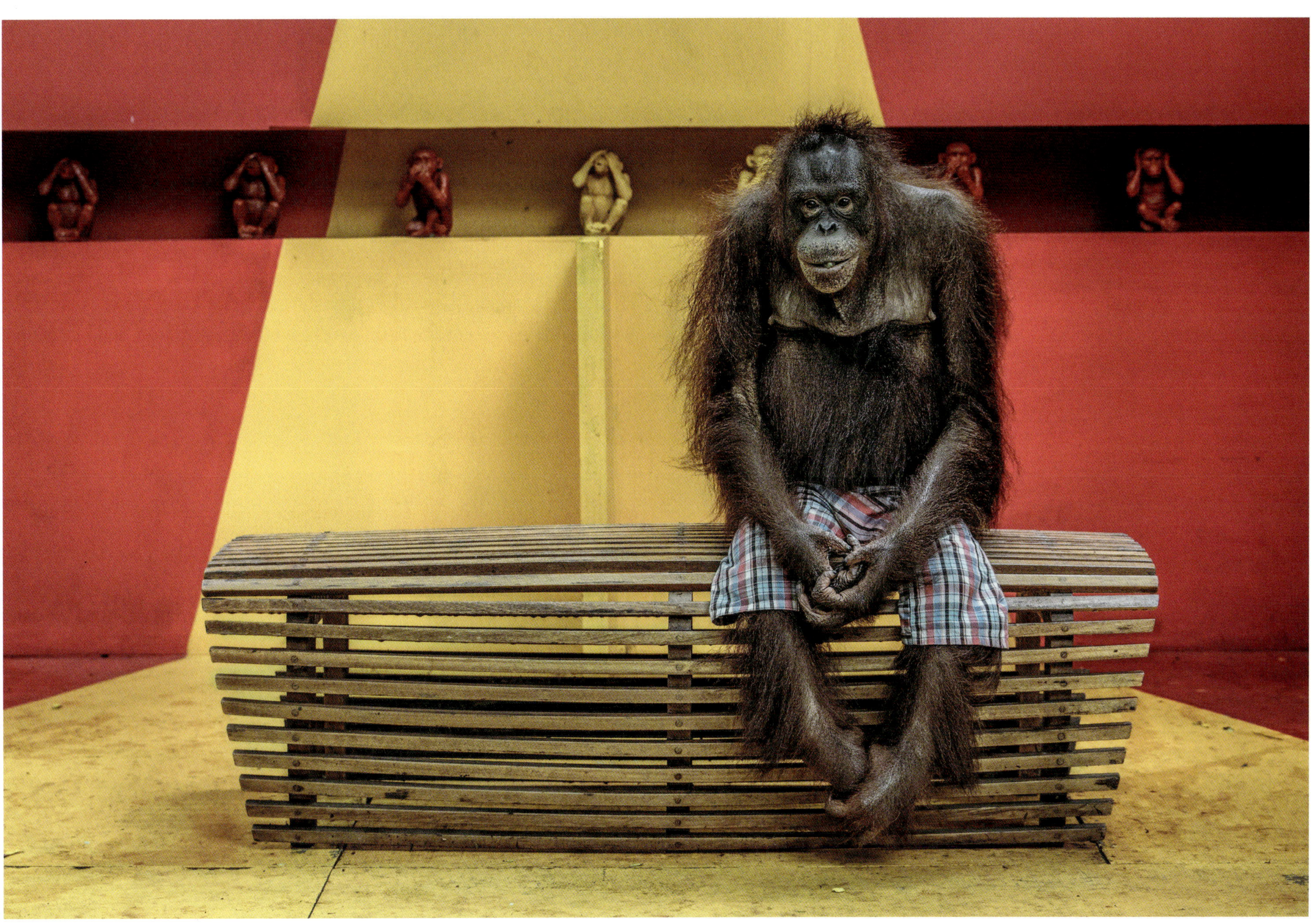

HUMANITÉ VERSUS NATURE

HUMANITY VERSUS NATURE

Alvaro Herrero Lopez-Beltrán
Hopeless
Baleine à bosse blessée, Mexique, 2022
Injured humpback whale, Mexico, 2022

" Cette baleine à bosse *(Megaptera novaeangliae)*, empêtrée dans des cordes de pêche et des bouées, est promise à une lente agonie. Sa nageoire caudale devenant inutilisable, elle ne pourra plus plonger correctement et donc se nourrir. La compression exercée par les cordes va lacérer sa chair et probablement développer des infections. Malgré l'immense tristesse que l'on ressent face à cette scène, il est nécessaire de montrer la réalité à laquelle font face ces animaux par la faute de l'homme. L'irresponsabilité de certaines pratiques et la pollution des océans sont des menaces majeures pour la biodiversité. Si la baleine à bosse est une espèce protégée qui reconstitue sa population petit à petit à travers les océans, il est de notre devoir de continuer à la préserver et sensibiliser le public pour que la prise de conscience donne lieu à des changements positifs sur le terrain.

" *This humpback whale* (Megaptera novaeangliae), *entangled in fishing lines and buoys, is facing a slow, painful death. With its tail fin now unusable, it will no longer be able to dive properly and therefore feed. The compression exerted by the lines will lacerate its flesh and probably lead to infections. Despite the immense sadness we feel at this scene, it is necessary to show the reality that these animals are facing as a result of man's actions. The irresponsibility of certain practices and the pollution of the oceans are a major threat to biodiversity. While the humpback whale is a protected species that is gradually rebuilding its population throughout the oceans, it is our duty to continue to preserve it and raise public awareness so that positive changes can be made on the ground.*

RUNNER UP

10-20 mm f/4.0-5.6 Lens - 1/320 sec at f/6.3 ISO 200

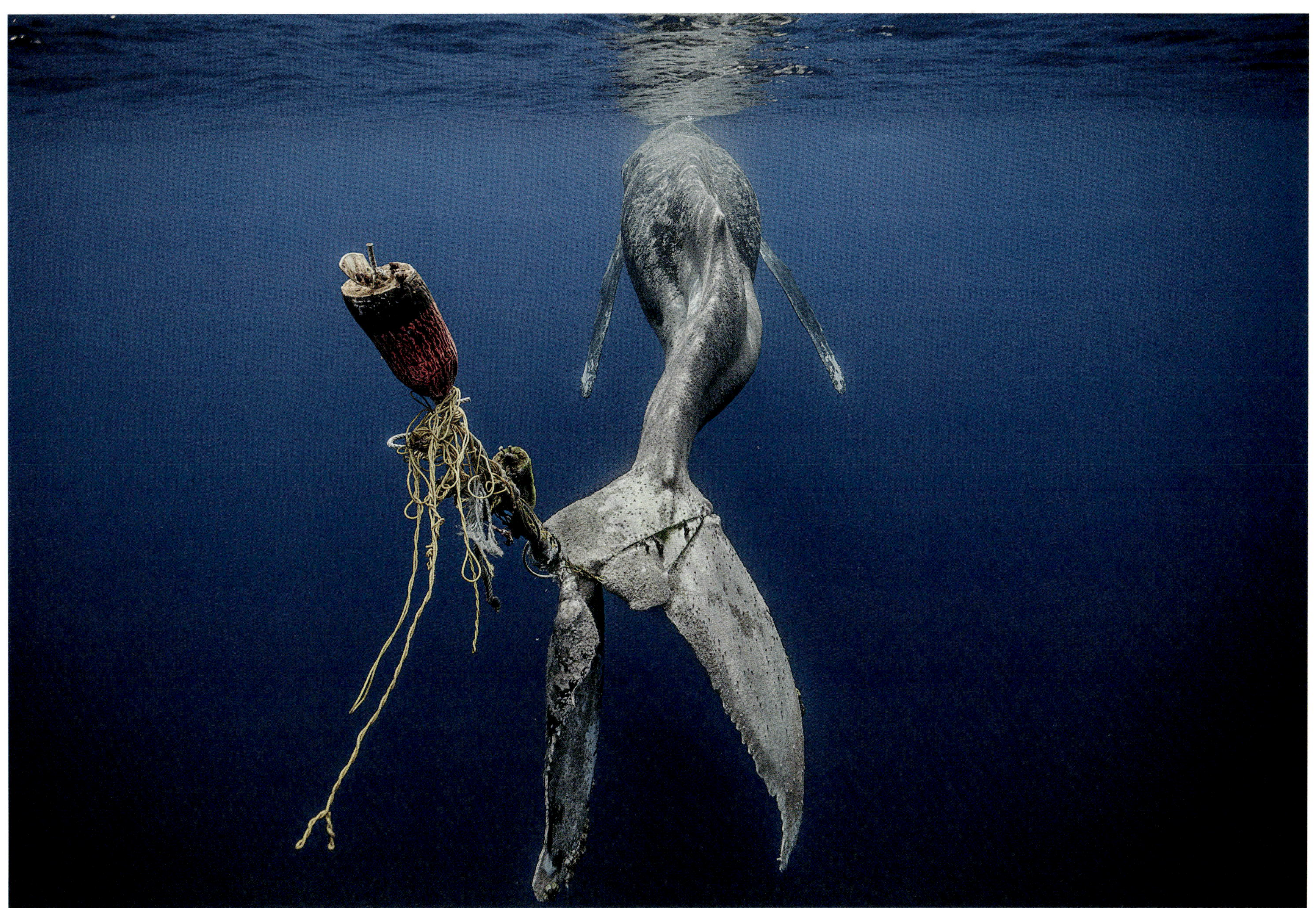

Fernando Constantino Martínez Belmar
Face to Face
Jaguar essayant d'attaquer un cochon, Mexique, 2021
Jaguar trying to feed on a pig, Mexico, 2021

66 Grâce à un piège photographique, j'ai pu capturer cette scène, malheureusement trop courante, d'un jaguar bravant les dangers d'une zone fréquentée pour se nourrir. Ici, le prédateur essaie d'attaquer un cochon dans un village maya reconstitué à Quintana Roo, au Mexique, un lieu visité par de nombreux touristes chaque semaine. À cause de la déforestation, de la fragmentation de leur habitat et de la chasse illégale qui réduit drastiquement le volume de proies potentielles, les jaguars sont contraints de s'approcher des régions habitées dans la péninsule du Yucatán. On les voit fréquemment autour des villages mayas, des ranchs et des zones urbaines, à la recherche de bétail ou d'autres animaux domestiques. Il en résulte un véritable conflit de cohabitation avec les éleveurs et les membres des communautés, qui finissent le plus souvent par réussir à tuer ces félins.

66 *Thanks to a camera trap, I was able to capture this all-too-common scene of a jaguar braving the dangers of a busy area to feed. Here, the predator tries to attack a pig in a recreated Mayan village in Quintana Roo, Mexico, a place that is visited by tourists every week. Due to deforestation, habitat fragmentation and illegal hunting, which drastically reduces the volume of potential prey, jaguars are forced to approach populated areas in the Yucatan Peninsula. They are frequently seen around Mayan villages, ranches and urban areas, in search of cattle or other domestic animals. The result is a real conflict of cohabitation with ranchers and community members, who more often than not end up succeeding in killing these cats.*

RUNNER UP

10-20mm f/4.5-5.6 Lens - 1/125 sec at f/7.1 ISO 400

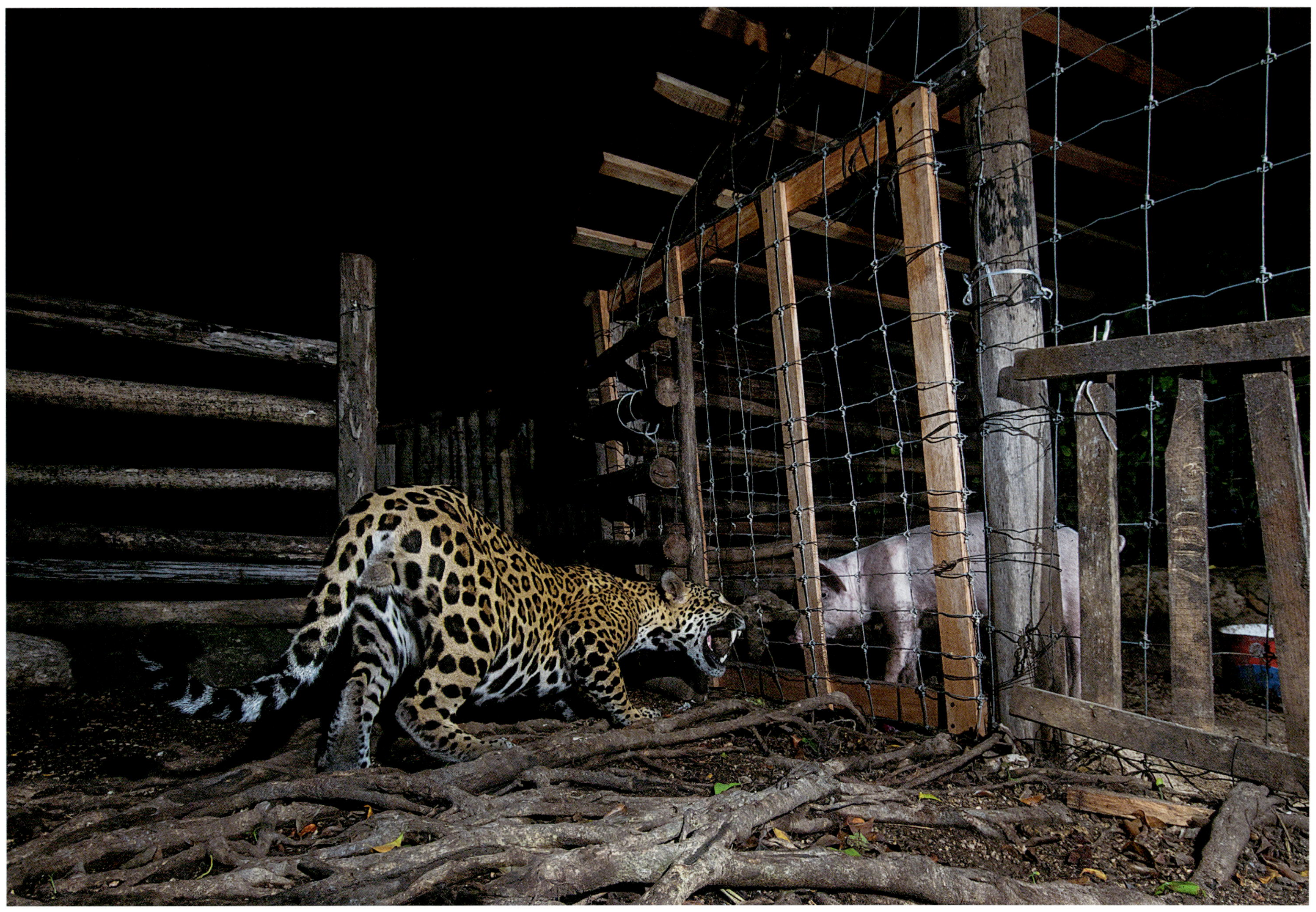

Mateusz Piesiak
Sunflower Paradise
Pinsons du nord dans un champ de tournesols, Pologne, 2021
Bramblings in a field of sunflowers, Poland, 2021

66 Habituellement, il n'y a guère de vie sur ces terres agricoles en hiver. Mais ce champ de tournesols, n'ayant pas pu être fauché à cause des inondations, est devenu un véritable paradis pour les oiseaux. Pinsons du nord, chardonnerets, verdiers, et de nombreuses autres espèces de passereaux s'y retrouvent, attirant aussi quelques prédateurs, dont des faucons, des busards, des éperviers et des buses. J'ai photographié ces pinsons du nord *(Fringilla montifringilla)* se régalant de graines de tournesol en me mettant à leur niveau et en utilisant un appareil photo télécommandé pour obtenir un angle unique. Si les inondations à l'origine de cette situation ont représenté une perte financière pour les exploitants, elles se sont avérées bénéfiques pour la faune locale. Il me semble essentiel de s'interroger sur la manière dont la préservation de la biodiversité peut être intégrée à nos pratiques. Par exemple, une simple partie de terres laissée en jachère l'hiver peut contribuer de manière significative au bien-être de notre planète.

66 *Usually, there is no sign of life in this particular farmland in winter, but this field of sunflowers, which could not be mown because of flooding, had become a veritable paradise for birds. Bramblings, goldfinches, greenfinches, and many other species of passerine birds had flocked here, attracting a few predators too, including falcons, harriers, sparrowhawks, and buzzards. I photographed this group of bramblings* (Fringilla montifringilla) *feasting on sunflower seeds by getting down to their level and using a remote-controlled camera for a unique angle. While the flooding that caused this situation represented a financial loss for the farmers, it proved beneficial for the local wildlife. I believe it is essential to consider how biodiversity conservation can be integrated into our practices. For example, a small area of land left fallow in winter can make a significant contribution to the well-being of our planet.*

MENTION D'HONNEUR / HONOURABLE MENTION

10-24 mm f/4 Lens - 1/340 sec at f/11 ISO 800

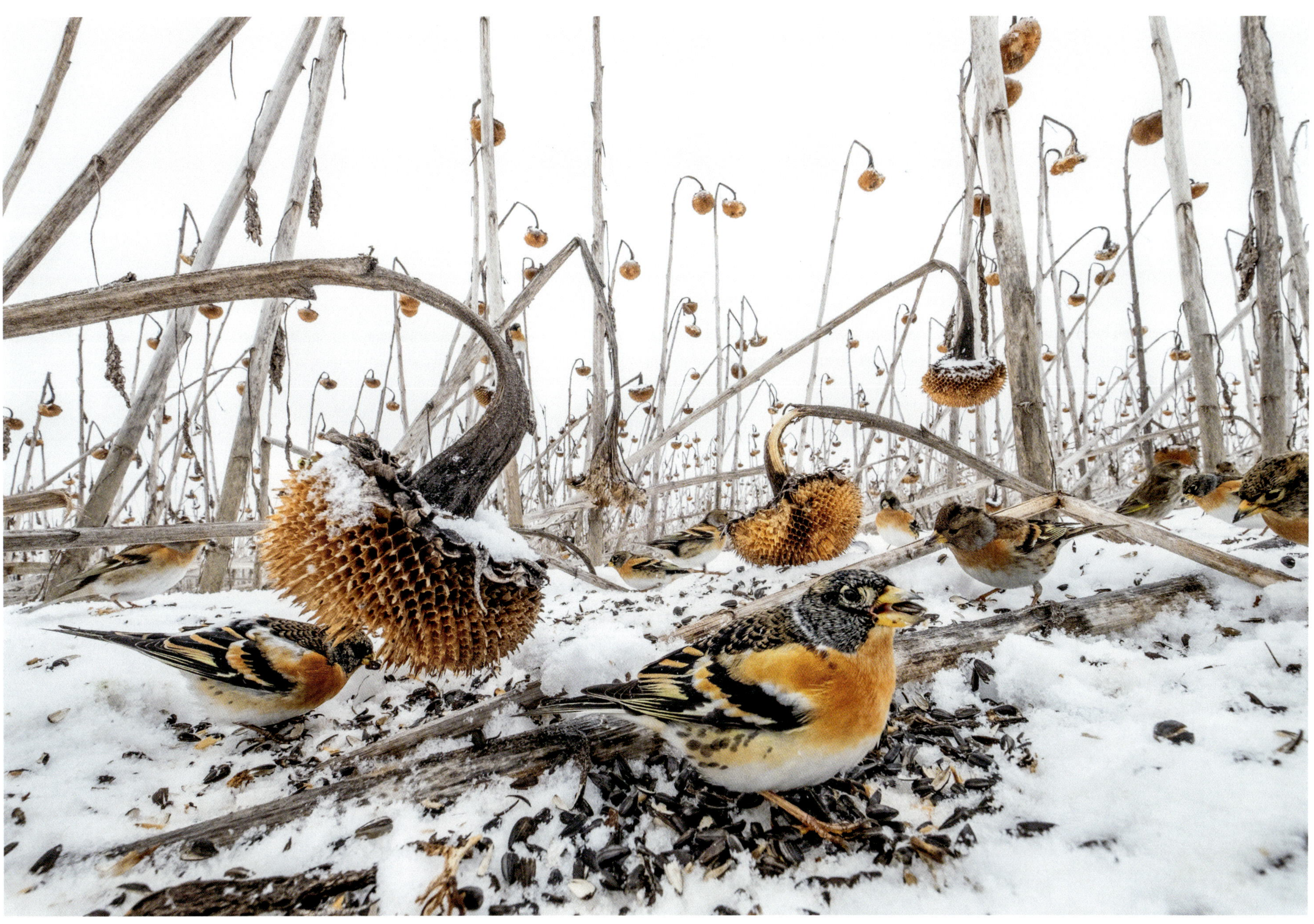

Shibasish Saha
For Protection
Conflit hommes-éléphants, Inde, 2023
Human-elephant conflict, India, 2023

❝ Dans les zones rurales du Bengale occidental, en Inde, les éléphants à la recherche de nourriture se rapprochent des villages et des champs agricoles, provoquant d'importantes destructions sur leur passage et mettant en danger les populations. La déforestation massive et la pression humaine croissante sur leur habitat poussent les éléphants à se déplacer. Or, leurs couloirs naturels de migration sont aussi de plus en plus fréquentés par les humains. Cette photographie illustre bien la problématique de cohabitation avec ces animaux sauvages. Alors que la police a dégagé une voie d'accès pour que les éléphants traversent la route en toute sécurité, un homme s'approche avec une branche d'arbre et les chasse avec colère. Les populations locales ont dû apprendre à gérer ces situations, mais la peur domine le plus souvent et entraîne des comportements parfois agressifs.

❝ *In the rural areas of West Bengal, India, elephants in search of food are approaching villages and agricultural fields, causing widespread destruction and endangering local populations. Massive deforestation and growing human pressure on their habitat are forcing elephants to move. Their natural migration corridors are also increasingly frequented by humans. This photograph clearly illustrates the problems of cohabiting with these wild animals. Just as the police have cleared an access road so that the elephants can cross safely, a man approaches with a tree branch and angrily chases them away. Local people have had to learn how to deal with these situations, but fear often dominates and sometimes leads to aggressive behaviour.*

MENTION D'HONNEUR / HONOURABLE MENTION

24-70 mm f/2.8 Lens - 1/320 sec at f/2.8 ISO 10000

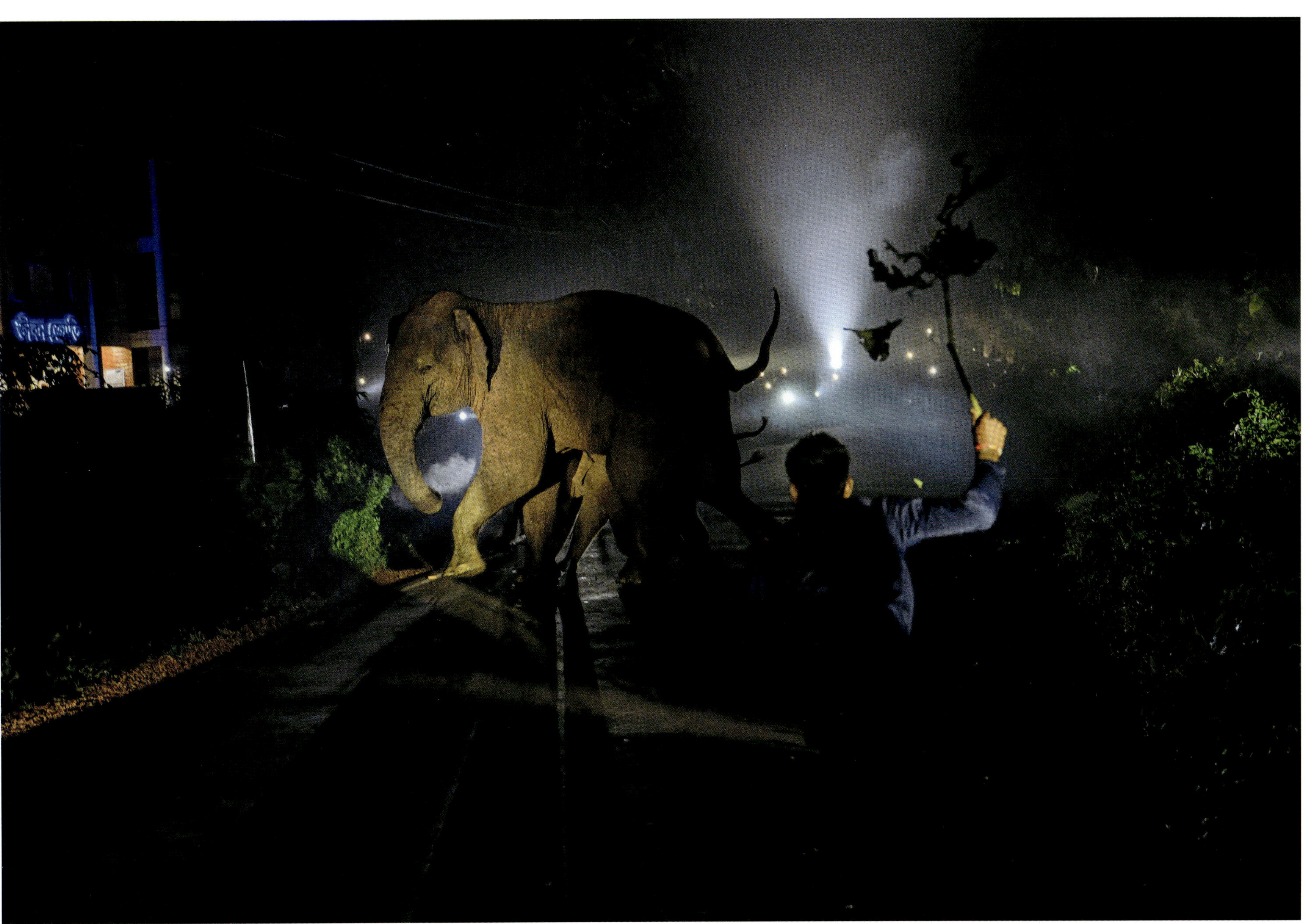

Mehdi Mohebi Pour
The Bitter Death of Birds
Flamants roses morts dans la lagune de Miankaleh, Iran, 2021
Dead pink flamingos in the Miankaleh lagoon, Iran, 2021

66 Pendant deux ans, des dizaines de milliers d'oiseaux migrateurs sont morts dans une zone humide du nord de l'Iran pour des raisons inconnues. On voit ici trois flamants roses flottant dans la lagune de Miankaleh, l'une des douze régions iraniennes dites « réserves internationales de la biosphère de l'UNESCO ». J'ai souhaité diffuser cette photo dans le monde entier pour alerter sur le sort tragique de ces animaux et sur l'état de ces zones humides qui subissent de plein fouet les effets du changement climatique et les impacts des activités destructrices des hommes. Comme on le voit sur l'image, ces situations doivent nous mobiliser et ici on assiste aux efforts de deux activistes environnementaux pour recueillir les corps et empêcher la propagation de maladies.

66 *Over a two-year period, tens of thousands of migratory birds died in a wetland in the north of Iran for unknown reasons. Here we see three pink flamingos floating in the Miankaleh lagoon, one of the twelve Iranian regions designated as UNESCO International Biosphere Reserves. I wanted to share this photo with the whole world to draw attention to the tragic fate of these animals and to the state of these wetlands, which are bearing the full brunt of climate change and the impact of destructive human activity. As you can see from the image, these situations have a mobilising effect, and here we see the efforts of two environmental activists to collect the bodies and prevent the spread of the disease.*

MENTION D'HONNEUR / HONOURABLE MENTION

12-24 mm f/4.5-5.6 Lens - 1/320 sec at f/4.5 ISO 100

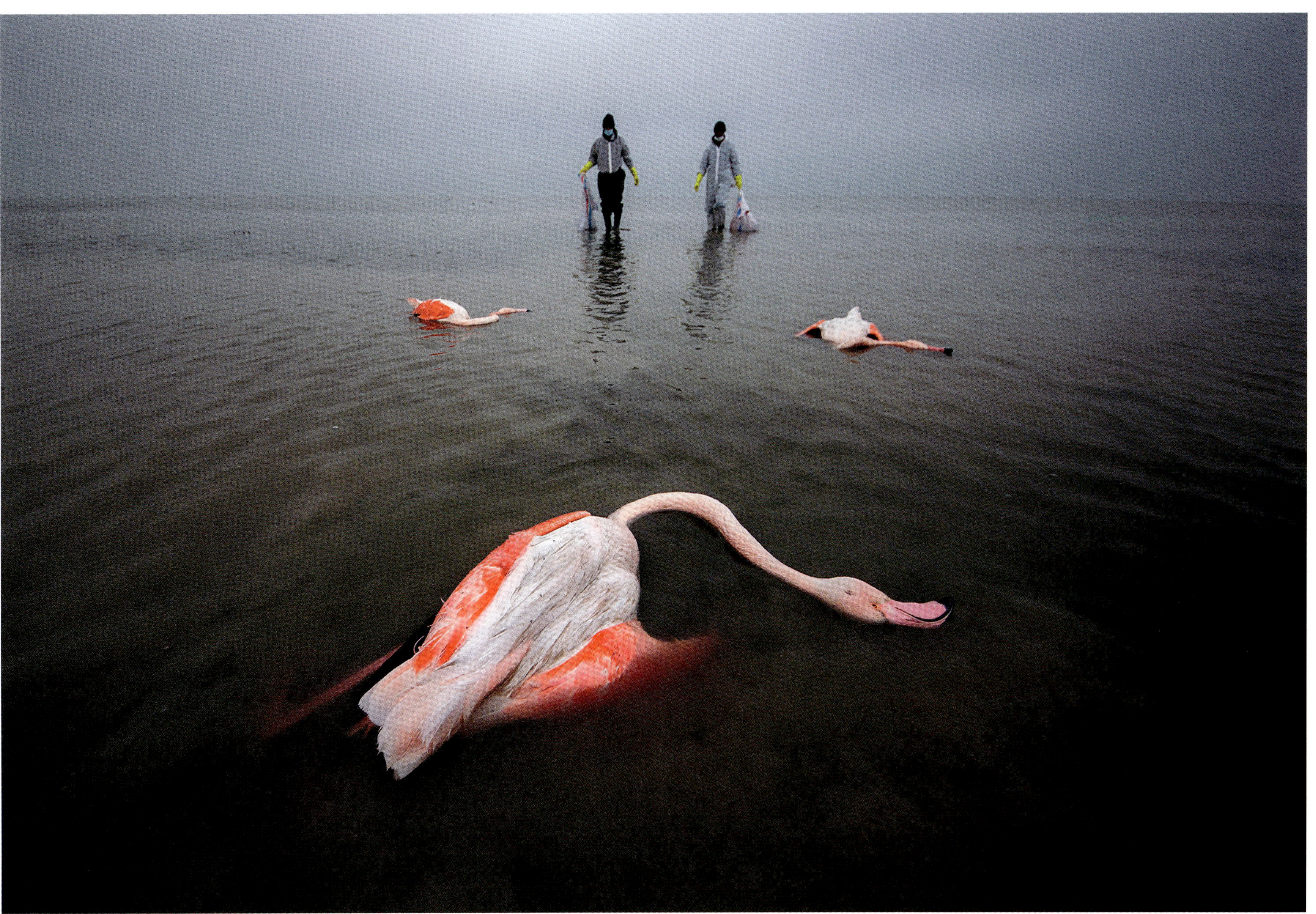

Jo-Anne McArthur
Millions of Animals in the City
Abattoir à Taipei, Taïwan, 2019
Slaughterhouse in Taipei, Taiwan, 2019

  Cet homme enregistre des cages de poulets d'une espèce locale dite « à plumes rouges » qui vont ensuite être pesées puis triées. Derrière lui, des files de camions continuent d'entrer dans le bâtiment : ce sont des centaines de milliers d'oiseaux qui transitent chaque nuit dans cet abattoir de Taipei. J'ai passé la nuit à documenter les pratiques de cette usine d'abattage avec la Société pour l'environnement et les animaux de Taïwan. Même si j'étais libre de circuler, ma présence a suscité un peu de méfiance. L'élevage industriel des animaux fait aujourd'hui débat : on sait qu'il contribue à la propagation des zoonoses et à la souffrance animale, de même qu'à la pollution et au changement climatique. La population mondiale de poulets dépasse aujourd'hui les 33 milliards, et nous connaissons les conditions de vie de ces oiseaux élevés pour la viande et la ponte, dans des espaces de plus en plus exiguës, de plus en plus insalubres, comme en témoigne cette photographie. Donner un aperçu de la vie de ces travailleurs et de la façon dont nous, en tant que société, traitons les animaux d'élevage est un élément essentiel pour comprendre, puis changer de comportement.

  This man registers stacked cages of red-feathered native chickens, which are then weighed and sorted. Behind him are rows of trucks that continue to roll into the building: hundreds of thousands of birds pass through this Taipei slaughterhouse every night. I spent the night documenting the practices of this slaughterhouse with the Society for the Environment and Animals in Taiwan. Even though I was free to move around, my presence aroused some suspicion. Industrial animal farming is currently the subject of debate: we know that it contributes to the spread of zoonotic diseases and animal suffering, as well as to pollution and climate change. The global chicken population is now over 33 billion, and we know that birds raised for meat and to lay eggs are kept in increasingly cramped conditions, which can be seen in how they were transported into Taipei on this night. Giving visual insight into the lives of workers, and how we as a society treat farmed animals, is a necessary ingredient for understanding, and then change.

50.0 mm f/1.8 Lens - 1/250 sec at f/2.8 ISO 4000

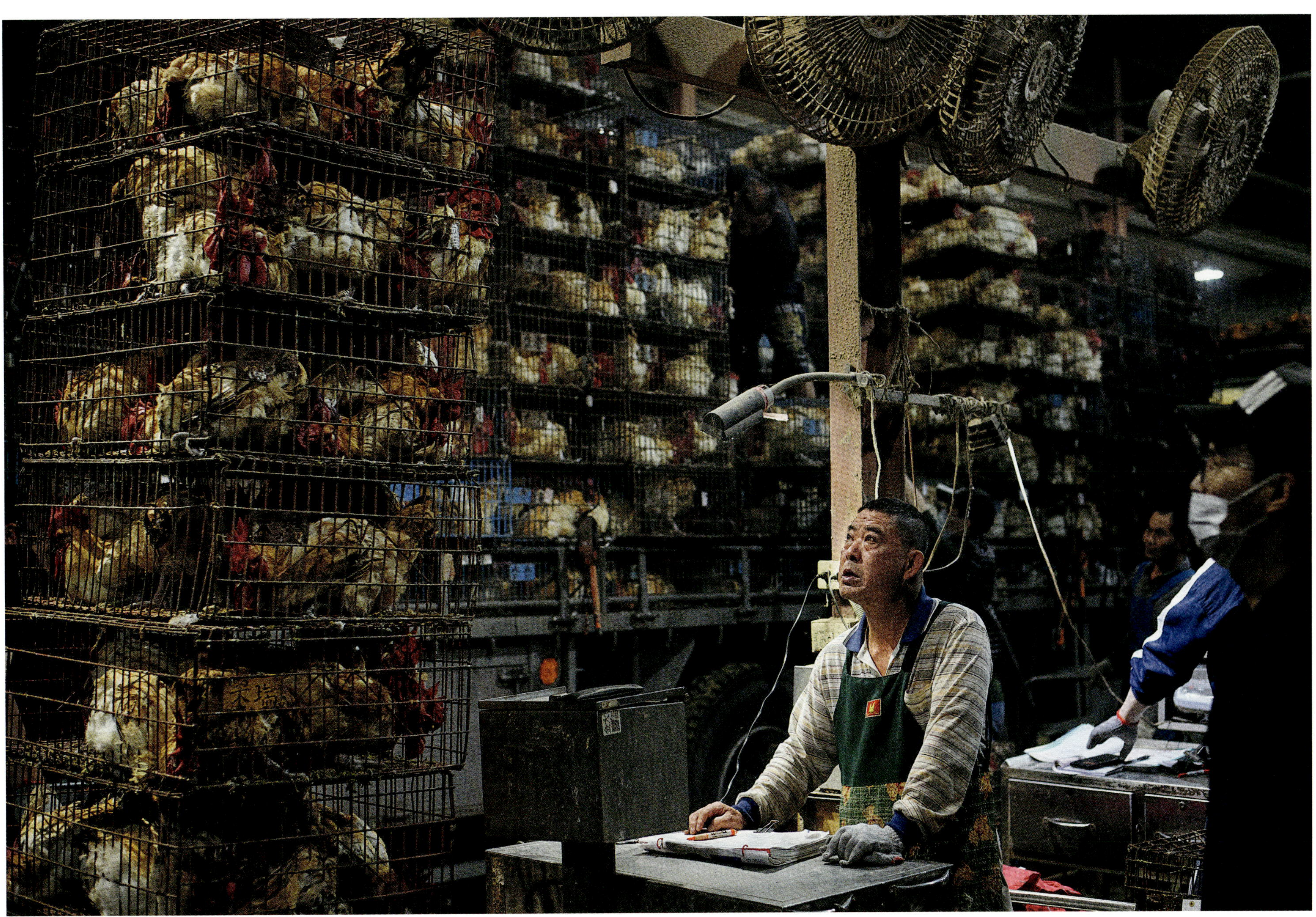

ACTEURS DU CHANGEMENT, PORTEURS D'ESPOIR

CHANGE MAKERS: REASONS FOR HOPE

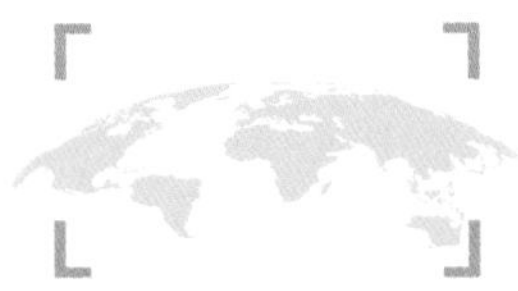

Aaron Gekoski
Substitute Rhinos
Exercices de l'unité de protection des « Cobras », Zimbabwe, 2022
"Cobras" protection unit guarding drills, Zimbabwe, 2022

66 À la fin du siècle dernier, les braconniers ont décimé les populations de rhinocéros dans le parc national de Hwange, au Zimbabwe. En 2007, il n'en restait plus aucun. Aujourd'hui, un nouveau programme de conservation, Imvelo's Community Rhino Conservation Initiative, est mis en œuvre pour repeupler les plaines du troisième plus grand parc national d'Afrique. Un changement de paradigme en faveur de la conservation des rhinocéros. La clé de la réussite de ce projet réside dans une équipe de rangers anti-braconnage nommée « Cobras Community Wildlife Protection Unit ». Originaires des villages autour de Hwange, les Cobras, formés selon les normes militaires britanniques, ont pour mission de résoudre les conflits entre hommes et faune sauvage et d'éduquer à la conservation. Sur cette image, les rangers effectuent des exercices de défense au cours desquels ils rassemblent et protègent des ânes, comme ils doivent le faire avec les rhinocéros. Grâce à un suivi de terrain rigoureux et la force des Cobras, les nouveaux rhinocéros prospèrent et d'autres devraient être réintroduits prochainement.

66 *At the end of the last century, poachers decimated rhino populations in Hwange National Park, Zimbabwe. By 2007, none remained. However, a new programme – Imvelo's Community Rhino Conservation Initiative – is now being rolled out to repopulate the plains of Africa's third-largest National Park. In turn, it represents a paradigm shift for rhino conservation. Key to the project's success is a team of anti-poaching rangers known as The Cobras Community Wildlife Protection Unit. Hailing from villages around Hwange, the Cobras are trained to British military standards and are tasked with human-wildlife conflict resolution and conservation education. In this image, the rangers conduct guarding drills in preparation for the rhinos' arrival, where donkeys are rounded up and protected; much like the rhinos need to be. With careful management and the might of the Cobras behind them, the newly-arrived rhinos are flourishing, with more due to be reintroduced soon.*

LAURÉAT DE CATÉGORIE / CATEGORY WINNER

24-70mm f/2.8 Lens - 1/100 sec at f/9 ISO 320

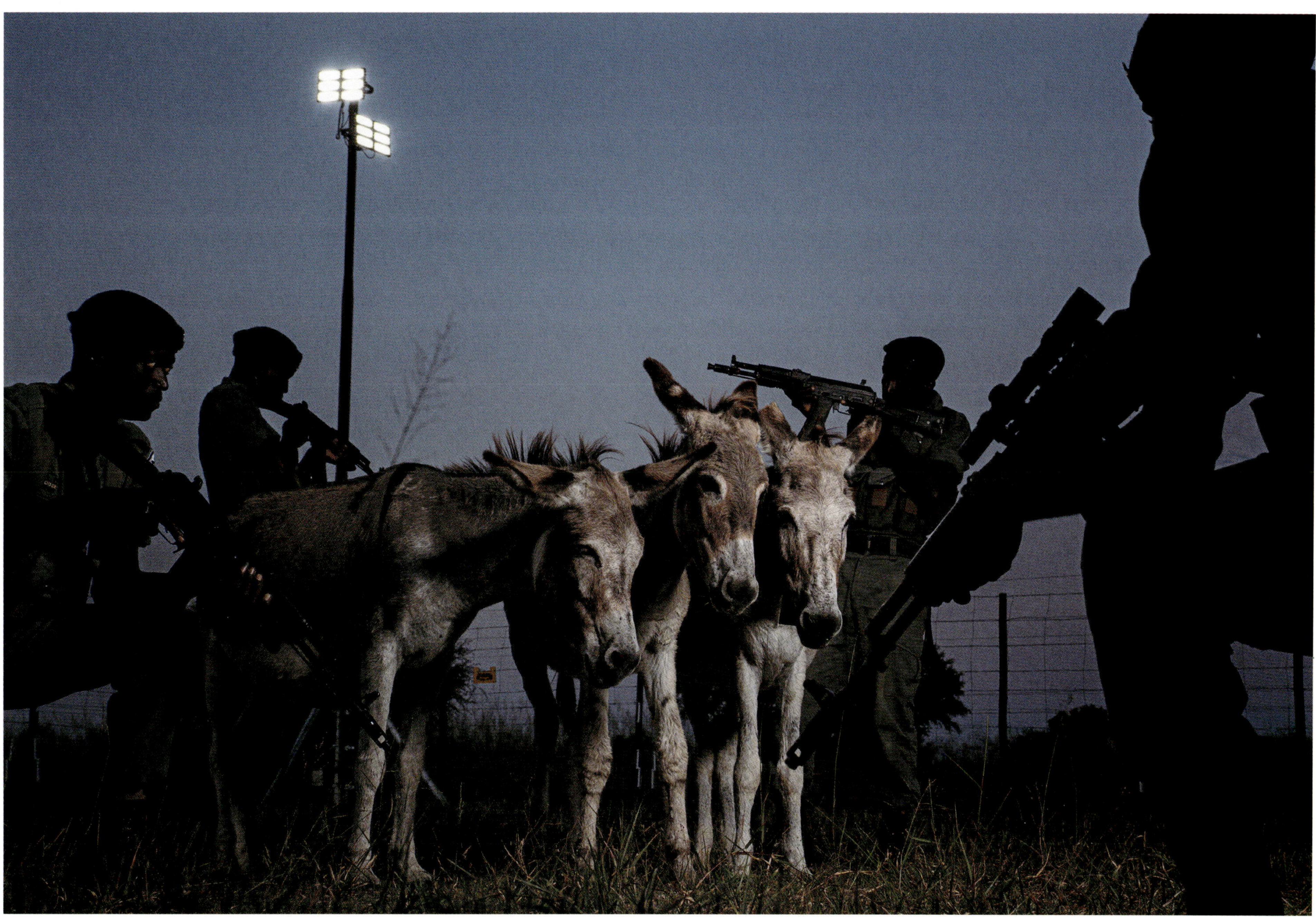

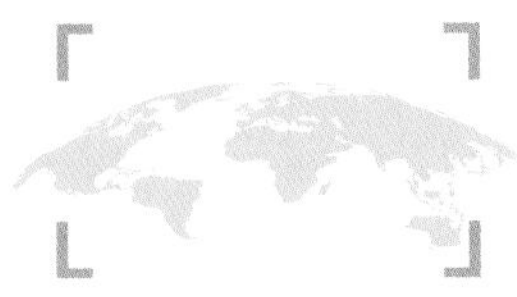

Fernando Faciole

Rainy Release

Lâcher d'un fourmilier géant, Brésil, 2023
Release of a giant anteater, Brazil, 2023

66 Hanna, un fourmilier géant femelle *(Myrmecophaga tridactyla)*, a été relâchée dans son habitat du Cerrado brésilien, région de savane d'Amérique du Sud, après avoir subi une série d'examens cardiaques. Dans le cadre d'une mission novatrice, l'équipe de l'Institut pour la conservation des animaux sauvages (ICAS) a effectué des radiographies et des échocardiographies sur onze fourmiliers sauvages sains. Les résultats ont permis d'établir une norme de référence précieuse pour améliorer le diagnostic des dysfonctionnements cardiaques des tamanoirs en captivité au Brésil et ailleurs, l'une des principales menaces qui pèsent sur ces animaux vivant dans des enclos. Le lâcher s'est fait en présence d'Arnaud Desbiez, fondateur de l'ICAS, et du vétérinaire Rafael Ferraz, membre du projet partenaire « TamanduASAS ». Alors que la pluie commençait à tomber abondamment, Hanna s'est rapidement remise de la sédation et s'est enfoncée dans la forêt.

66 *Hanna, a female giant anteater* (Myrmecophaga tridactyla) *was released back into her habitat in the Brazilian Cerrado after undergoing a series of cardiac examinations. As part of their groundbreaking research, the Wild Animal Conservation Institute (ICAS) team performed radiography and echocardiography on 11 wild, healthy anteaters. The results have established a valuable reference standard for improving the diagnosis of cardiac dysfunctions for captive anteaters in Brazil and beyond, one of the main threats to these animals held in enclosures. The release was witnessed by Arnaud Desbiez, ICAS's founder, and veterinarian Rafael Ferraz from the partner project TamanduAsas. As the rain began to fall heavily, Hanna quickly recovered from the sedation and headed straight into the forest.*

RUNNER UP
PRIX DU PUBLIC / PUBLIC AWARD

14-24 mm f/2.8 Lens - 1/250 sec at f/6.3 ISO 800

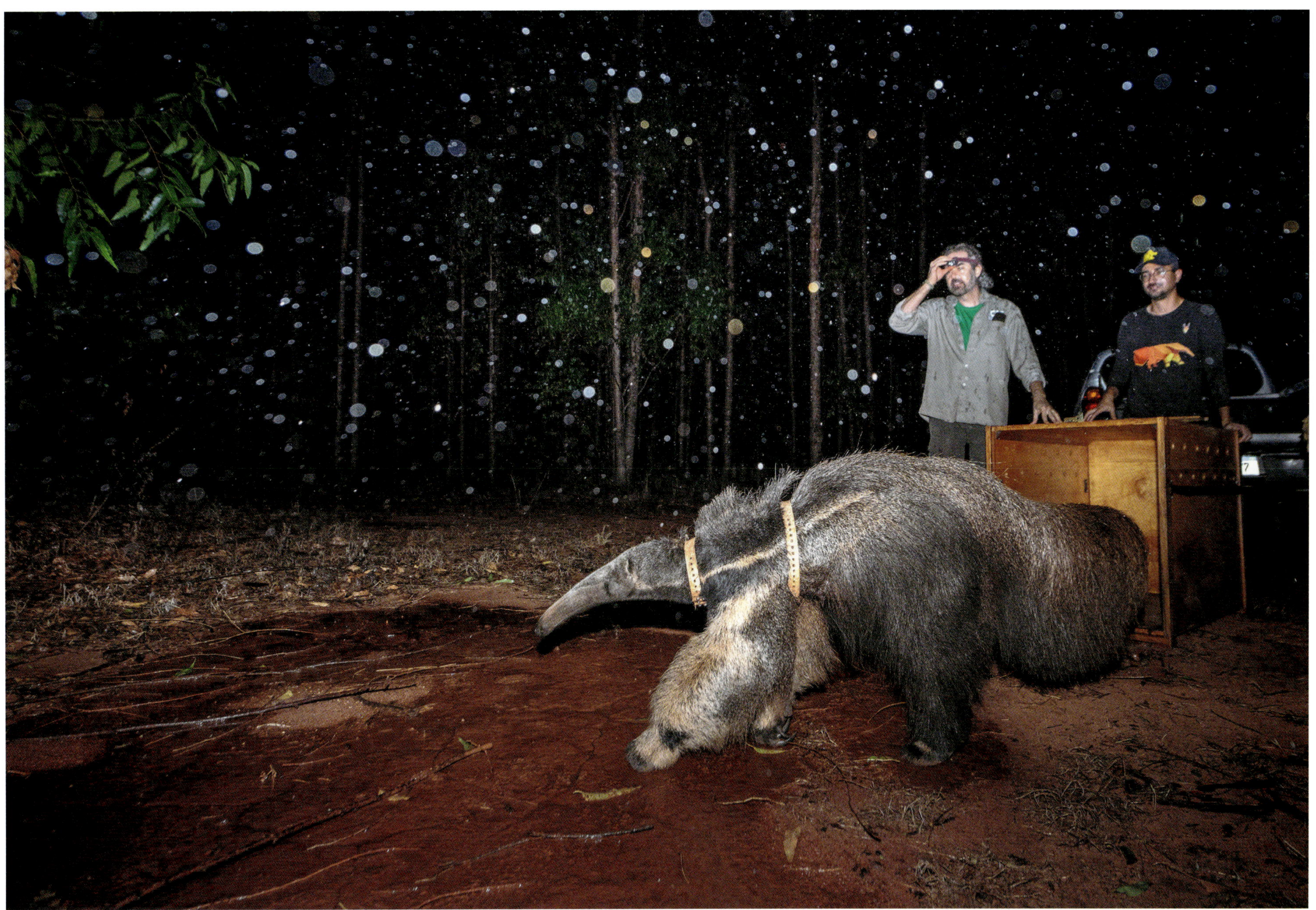

Marcus Westberg
Seeds of Hope
Opération de marquage, Soudan du Sud, 2023
Collaring operation, South Sudan, 2023

66 En 2023, sous l'égide d'African Parks, 126 animaux de douze espèces différentes ont été équipés de dispositifs de suivi afin d'étudier leurs schémas de déplacement et leur comportement dans le vaste territoire sauvage du Sud Soudan qui abrite la plus grande concentration de mammifères terrestres du continent africain. Le soutien et la participation des différents groupes ethniques vivant à l'intérieur et autour des parcs nationaux – African Parks gère près de trois millions d'hectares – sont essentiels. C'est ainsi que deux chefs Jie de la communauté Kassangor, n'ayant jamais approché d'aussi près un éléphant vivant, ont été invités à participer au marquage d'un individu mâle. J'ai passé deux semaines sur le terrain à documenter cette opération, considérée comme la plus importante jamais entreprise en Afrique. Plusieurs espèces que l'on croyait localement éteintes ont été identifiées, et les premières données obtenues sur la migration d'une antilope, le Code de Buffon à oreilles blanches, suggèrent une ampleur inattendue, probablement le double de celle du Mara-Serengeti, peut-être même la plus grande du continent.

66 In 2023, under the aegis of African Parks, 126 animals from 12 different species were fitted with tracking devices to learn more about their movement patterns and behaviour in the vast wilderness of Southern Sudan which contains the largest concentration of land mammals on the African continent. The support and involvement of the various ethnic groups living inside and around the national parks – African Parks manages nearly three million hectares – are critical. As a small part of that, two Jie chiefs from Kassangor, never having been close to a live elephant, were invited to participate in the collaring of a bull elephant. I spent two weeks in the field documenting the operation, believed to be the largest ever undertaken in Africa. Several species thought to be locally extinct were spotted during the collaring flights and the early survey data on the migration of white-eared Kob antelopes suggest an unexpectedly large scale, probably double that of the Mara-Serengeti, and perhaps even the largest on the continent.

RUNNER UP

24-70 mm f/2.8 Lens - 1/1000 sec at f/6.3 ISO 640

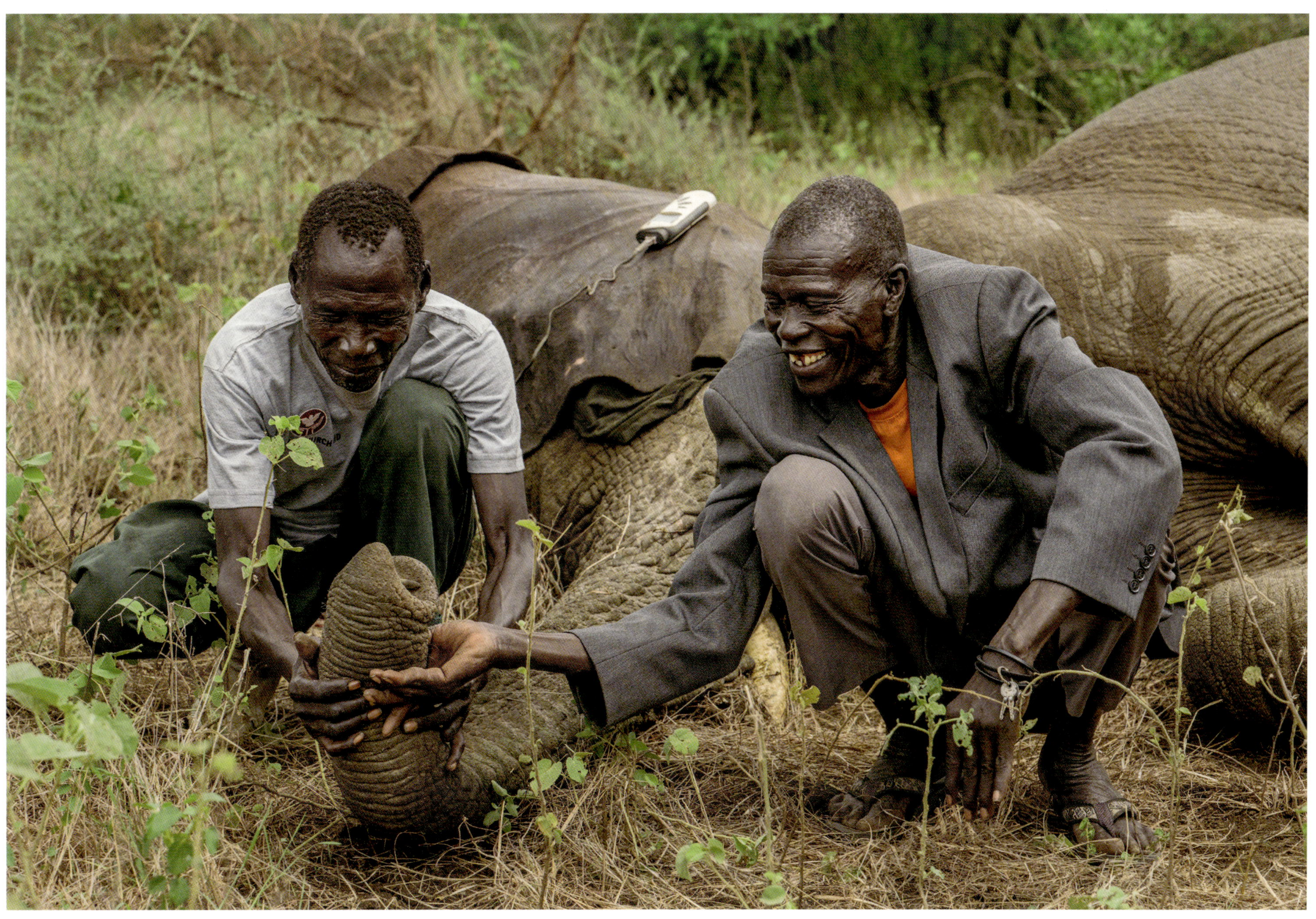

Bambang Wirawan
Guardian of the Ocean
Tribu des pêcheurs de l'île d'Alor, Indonésie, 2023
Alor Sea Tribe, Indonesia, 2023

66 L'une des plus anciennes tribus de la communauté d'Alor dans l'est de Nusa Tenggara, en Indonésie, puise son histoire dans la mer. Peuple de pêcheurs, ils perpétuent leurs traditions ancestrales dans toute l'île : avec un simple équipement – filet, nasse en bambou, harpon –, ils ne pêchent que les poissons dont ils ont besoin pour se nourrir et vendent le reste au marché. Leurs mers ayant été dégradées par des techniques de pêche qui endommagent les récifs et appauvrissent les ressources, ainsi que par les effets du changement climatique, les membres de cette tribu s'érigent en protecteurs de l'océan. En plus de leurs pratiques de pêche respectueuses des écosystèmes, ils prennent soin des coraux et replantent de nombreuses plantes marines. Avec une seule respiration, ils peuvent plonger pendant plus de cinq minutes ! C'est la sagesse et le dévouement de ce « peuple de la mer » que j'ai voulu illustrer à travers cette photographie.

66 *One of the oldest tribes in the community of Alor in East Nusa Tenggara, Indonesia, draws its history from the sea. A fishing people, they perpetuate their ancestral traditions throughout the island: with simple equipment – nets, bamboo creels and harpoons – they catch fish according to food needs and sell the rest in the market. As their waters have been degraded by fishing techniques that damage the reefs and deplete resources, as well as by the effects of climate change, the members of this tribe have set themselves up as protectors of the ocean. In addition to their ecosystem-friendly fishing practices, they look after the corals and replant various marine plants. With just one breath, they can dive for more than five minutes! It is the wisdom and commitment of this "sea tribe" that I wanted to illustrate in this photograph.*

MENTION D'HONNEUR / HONOURABLE MENTION

10-24 mm f/4 Lens - 1/320 sec at f/4 ISO 320

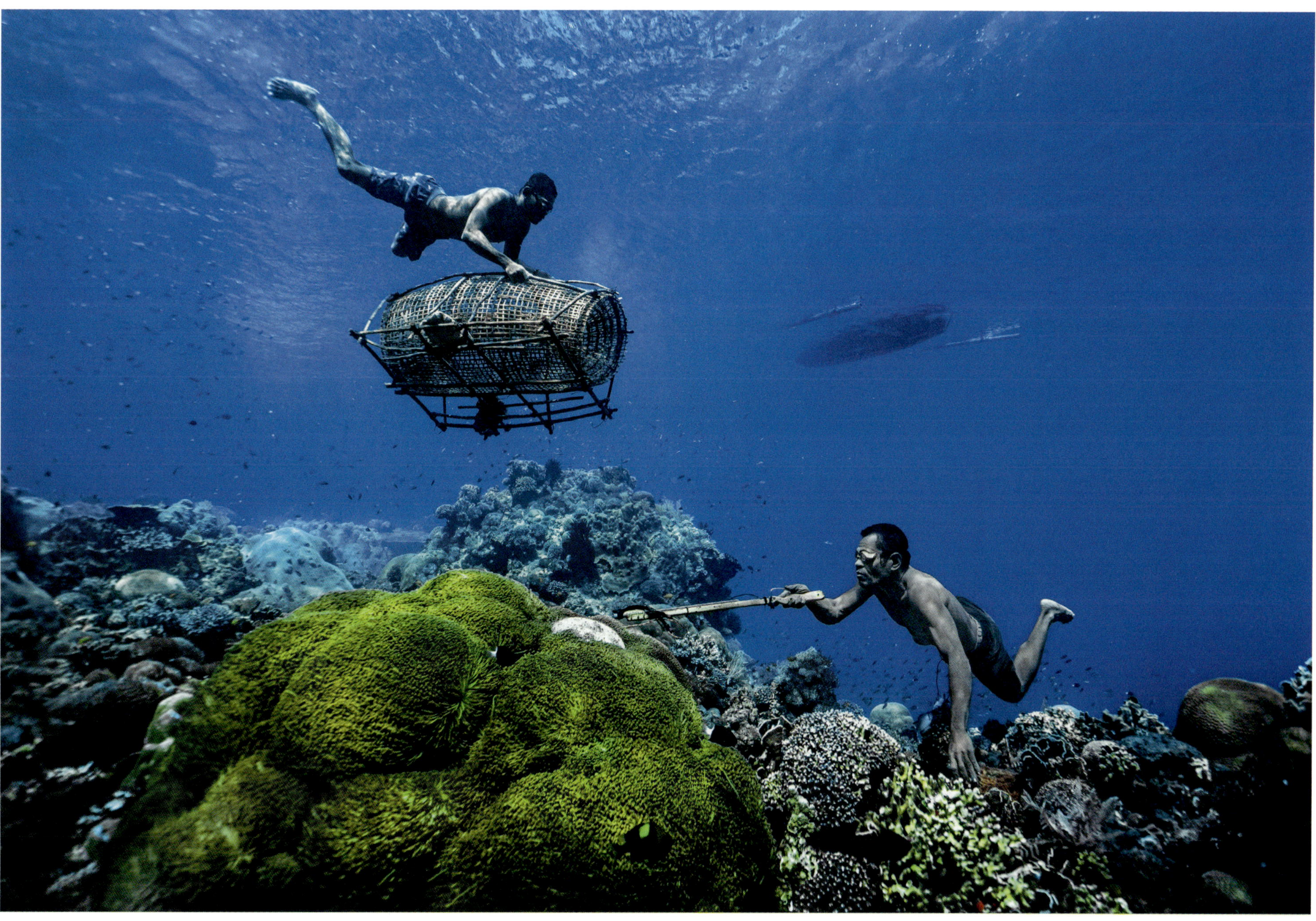

Douglas Gimesy
A Cool Drink from a Helping Hand
Réanimation d'une roussette à tête grise, Australie, 2019
Reviving a grey-headed flying-fox, Australia, 2019

   Sarah Frith, vétérinaire du zoo de Melbourne, administre un liquide à une jeune roussette à tête grise *(Pteropus poliocephalus)* rescapée ayant succombé à la chaleur par une journée d'été caniculaire où les températures à l'ombre dépassaient 40 °C. Secourue au pied d'un arbre sur un terrain de golf à Fairfield, dans l'État de Victoria, en Australie, la chauve-souris a été hydratée et placée dans un centre de soins afin qu'elle puisse être relâchée dans la nature quelques jours plus tard. Espèce dite « clef de voûte », la roussette à tête grise, originaire d'Australie, est vitale pour la santé de l'écosystème forestier le long de la côte sud-est et de la côte est du pays. Parfois appelée « renard volant », elle contribue notamment à la dispersion des graines et à la pollinisation de plus de cent espèces de plantes. Classée comme « vulnérable » sur la liste rouge des espèces menacées de l'Union internationale pour la conservation de la nature (UICN), la roussette à tête grise est exposée à la dégradation et la destruction de son habitat, ainsi qu'aux effets du changement climatique, tels que les épisodes de chaleur extrême.

   Melbourne Zoo veterinarian Sarah Frith provides fluid to a young rescued grey-headed flying-fox (Pteropus poliocephalus) *that had succumbed to the heat on a scorching summer's day when temperatures in the shade exceeded 40°C. Rescued near the base of a tree on a golf course in Fairfield, Victoria, Australia, the bat was hydrated and placed in care so that it could be released back into the wild a few days later. Recognised as a keystone species, the grey-headed flying-fox, native to Australia, is vital for forest ecosystem health along the southeast and east coasts of the country. Sometimes called "night gardeners", this species contributes to the dispersal of seeds and the pollination of more than a hundred plant species. Classified as "vulnerable" on the International Union for Conservation of Nature (IUCN) Red List of Threatened Species, the grey-headed flying-fox is exposed to the degradation and destruction of its habitat, and to the impacts of climate change, such as extreme heat events.*

MENTION D'HONNEUR / HONOURABLE MENTION

70-200 mm f/2.8 Lens - 1/500 sec at f/4 ISO 500

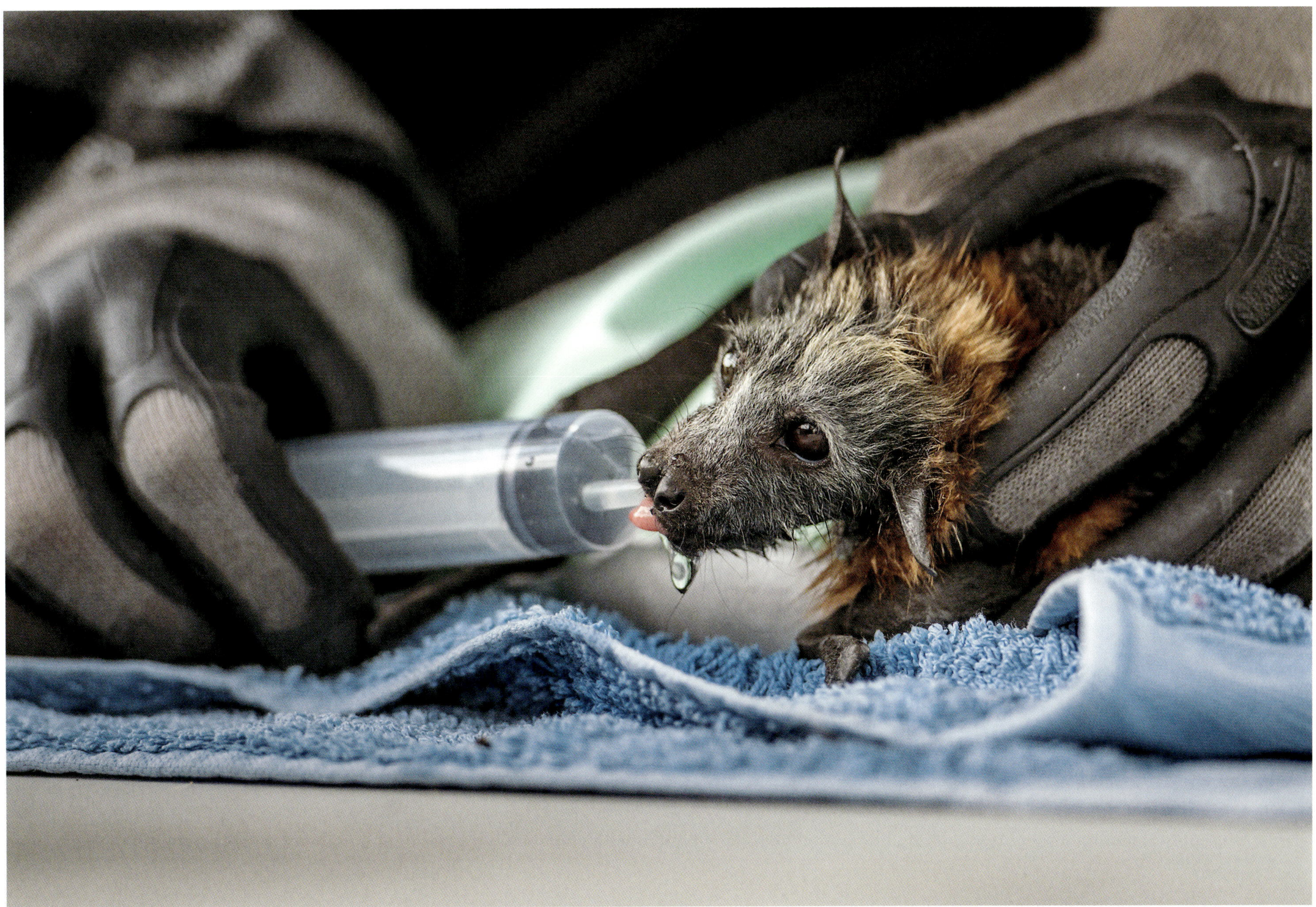

Jaime Rojo
Future Environmentalists
Sensibilisation à la conservation du papillon monarque, Mexique, 2019
Raising awareness of monarch butterfly conservation, Mexico, 2019

66 Moises Acosta, guide local et écologiste de Zitácuaro, utilise des modèles pour expliquer les différentes étapes du cycle de vie du papillon monarque aux élèves d'une école locale de Michoacán, au Mexique. L'éducation à l'environnement est l'une des pierres angulaires de la stratégie de conservation du monarque. Cependant, la majorité des efforts se sont concentrés sur les communautés situées le long de la route migratoire aux États-Unis et au Canada. Moises Acosta a fondé le centre d'éducation environnementale Papalotzin à la périphérie de la réserve de biosphère du papillon monarque dans le Michoacán afin de combler cette lacune et de sensibiliser les jeunes générations à l'importance de ce papillon lorsqu'elles visitent les sanctuaires pendant la saison d'hivernage.

66 *Moises Acosta, a local guide and environmentalist from Zitácuaro, uses toy models to explain the different stages in the life cycle of the monarch butterfly to students at a local school in Michoacán, Mexico. Environmental education is one of the cornerstones of the conservation strategy for the monarch. However, most efforts have been focused on the communities along the migratory route in the United States and Canada. Moises Acosta founded the Papalotzin Environmental Education Center on the outskirts of the Monarch Butterfly Biosphere Reserve in Michoacán to fill that gap and to raise awareness about the importance of this butterfly among the younger generations that visit the sanctuaries during the wintering season.*

24-70 mm f/4 Lens - 1/100 sec at f/9 ISO 8000

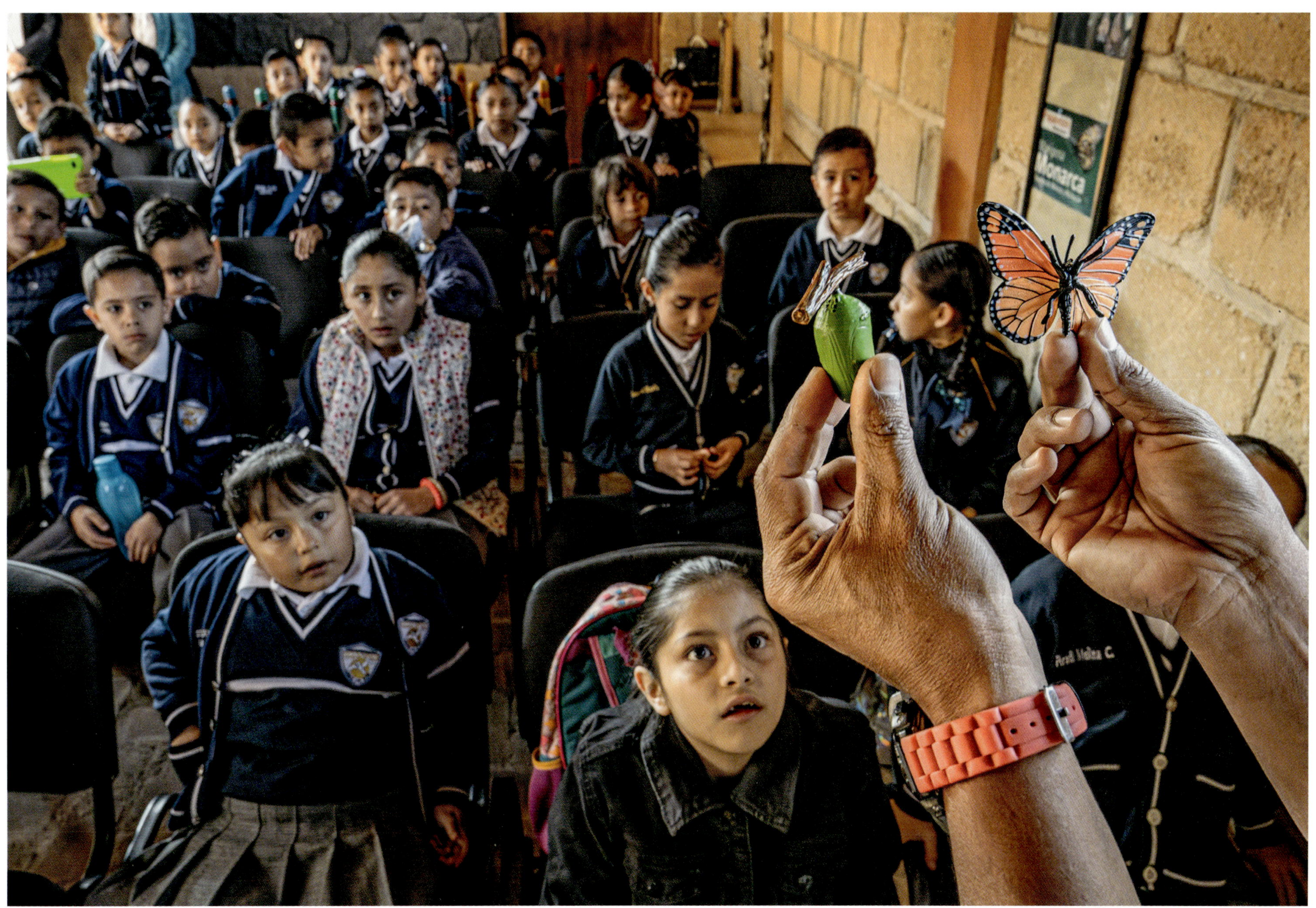

Rob G. Green
Emerging Grizzly
Grizzly retournant à la nature, États-Unis, 2023
Grizzly released into the wild, United States, 2023

66 Une femelle grizzly *(Ursus arctos)* sort du piège où elle a été capturée par une équipe de biologistes. Après s'être introduite dans des silos à grains mal protégés, attirée par les calories dont elle a désespérément besoin chaque automne, elle s'est retrouvée sur une propriété privée, représentant une menace potentielle pour ses habitants. La mise en place d'un piège avec appât a permis à l'équipe de l'endormir et de lui faire passer un examen de santé approfondi. L'ourse a ensuite été marquée et relâchée dans une zone plus sûre. Malgré toute sa puissance, elle a l'air un peu perdue, se remettant de l'anesthésie et tâchant de retrouver ses repères dans son nouvel environnement. Avec l'augmentation du nombre d'habitants dans le Montana et les ours qui se rapprochent de plus en plus souvent des zones habitées, la question de la coexistence avec la grande faune sauvage est un sujet d'importance majeure, qui se doit de dépasser les stigmatisations culturelles pour orienter la politique et l'éducation en faveur de nouveaux paradigmes de conservation.

66 *A female grizzly bear* (Ursus arctos) *emerges from the culvert trap in which she was captured by a team of wildlife biologists. After getting into some poorly secured grain bins, drawn to the calories she desperately needs each autumn, she found herself on private property and a potential threat to its human inhabitants. Setting a trap with bait enabled the team to carefully sedate her and give her a thorough health screening. The bear was then tagged and released in a safer area. For all her power, she looks timid, recovering from the anaesthesia and trying to find her bearings in her new environment. With the number of people living in Montana increasing and bears moving ever closer to populated areas, coexistence with large wild animals is a major issue which needs to move beyond cultural stigma to guide policy and education in favour of new conservation paradigms.*

16-35 mm f/2.8 Lens - 1/250 sec at f/5 ISO 640

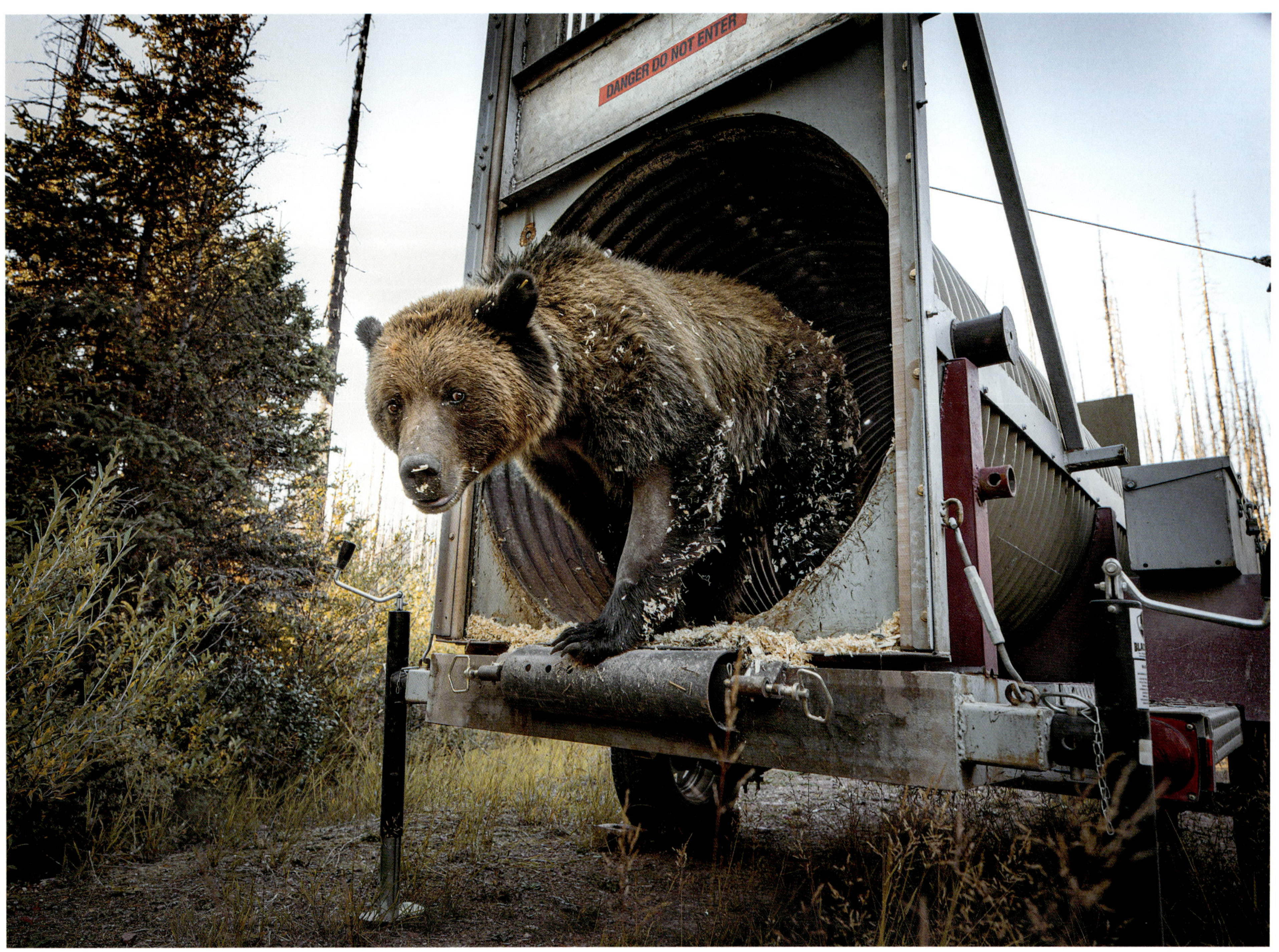

DANGER DO NOT ENTER

Sirachai Arunrugstichai
Hornet Hunters

Équipe de recherche consacrée aux frelons géants originaires d'Asie, Corée du Sud, 2023
Research team dedicated to giant hornets native to Asia, South Korea, 2023

66 Une équipe de recherche composée d'entomologistes américains de la Ramsey Research Foundation et d'un chasseur de frelons traditionnel sud-coréen collecte des spécimens de frelons géants du Nord *(Vespa mandarinia)* dans un parc à Andong, en République de Corée. Ces dernières années, des frelons géants originaires d'Asie ont été trouvés en Europe et en Amérique en dehors de leur aire d'origine, menaçant gravement les populations sauvages d'abeilles et l'industrie apicole, et présentant des risques pour la santé humaine en raison de leur férocité notoire. L'équipe de scientifiques avec laquelle j'ai travaillé a choisi d'étudier ces frelons dans leur pays d'origine afin de constituer une base de données permettant de retracer et suivre à travers le monde les mouvements de population de ces nuisibles envahissants et développer des mesures pour minimiser leurs impacts sur l'un des insectes pollinisateurs les plus essentiels.

66 *A joint research team consisting of American entomologists from Ramsey Research Foundation and a South Korean traditional hornet hunter are collecting specimens of the Northern giant hornet* (Vespa mandarinia) *in a park in Andong, in the Republic of Korea. In the past few years, giant hornets originating from Asia have been found in Europe and America outside their native range, seriously threatening wild bee populations and the honeybee industry, as well as posing risks to human health due to their notorious ferocity. The team of scientists I worked with chose to study these hornets in their homeland in order to build a comprehensive sequence database to better trace and track the population movement of these invasive pests across the globe and mitigate the ongoing impacts on one of the most important pollinator insects.*

MENTION D'HONNEUR / HONOURABLE MENTION

24-70 mm f/4 Lens - 1/500 sec at f/4.5 ISO 100

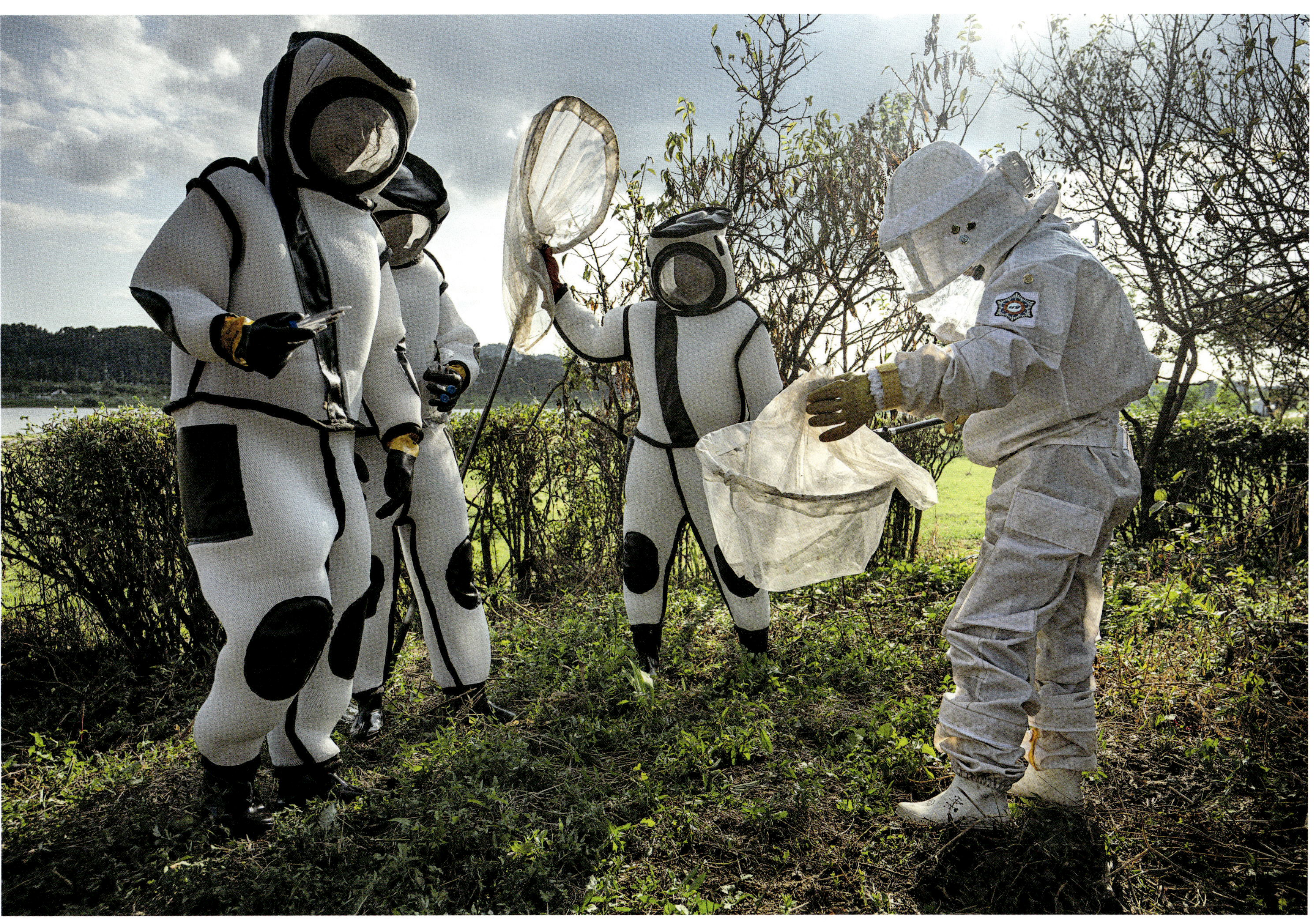

MONDES MARINS

OCEAN WORLDS

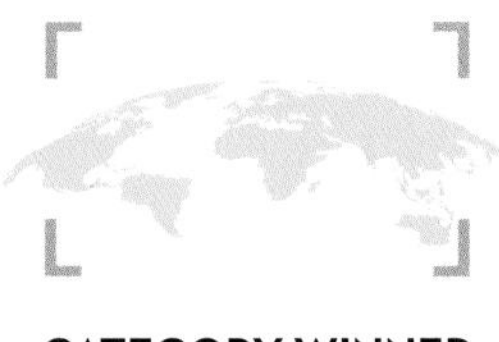

Magnus Lundgren
Inner Space Hitchhiker

Argonaute-voilier à bord d'une méduse, Philippines, 2019
Brown paper nautilus riding a jellyfish-like medusa, Philippines, 2019

66 Cette étrange créature nocturne rencontrée à quinze mètres de profondeur est en réalité composée de deux espèces différentes : un argonaute-voilier femelle *(Argonauta hians)*, de la famille des poulpes, et une méduse hydroïde sur l'ombelle de laquelle s'est posé l'argonaute. Espèce largement répandue dans l'océan Indo-Pacifique, l'argonaute-voilier est connu pour s'accrocher à des objets dérivant au gré des courants marins. On sait peu de choses sur la vie de ces espèces pélagiques, mais il semblerait que l'argonaute utilise ses hôtes comme source de nourriture ou arme défensive. Lorsque je l'ai photographié, il a orienté la méduse vers moi, m'ayant vraisemblablement perçu comme un prédateur potentiel. Le Passage de l'Île Verte aux Philippines est situé dans le Triangle de Corail qui abrite la plus grande concentration de vie marine de la planète, un endroit idéal pour mettre en lumière le monde océanique et la nécessité d'une plus grande conservation de cette exceptionnelle biodiversité.

66 *This strange nocturnal creature found at a depth of 15-metres is actually made up of two different species: a female brown paper nautilus (Argonauta hians), from the octopus family, and a hydroid medusa on whose bell the argonaut is surfing. Widely distributed in the Indo-Pacific Ocean, the brown paper nautilus is known to cling to objects drifting with the ocean currents. Little is known about the life of these pelagic species, but it would appear that the argonaut uses its hosts as a food source or defensive weapon. When I photographed it, it turned the medusa towards me, presumably perceiving me as a potential predator. The Verde Island Passage, in the Philippines, is located in the Coral Triangle hosting the greatest concentration of marine life on the planet, an ideal place to place a spotlight on the ocean world and the need for greater conservation of this exceptional biodiversity. It is my goal to highlight the ocean world and the need for more marine nature conservation.*

LAURÉAT DE CATÉGORIE / CATEGORY WINNER

60 mm f/2.8 Lens – 1/200 sec at f/14 ISO 100

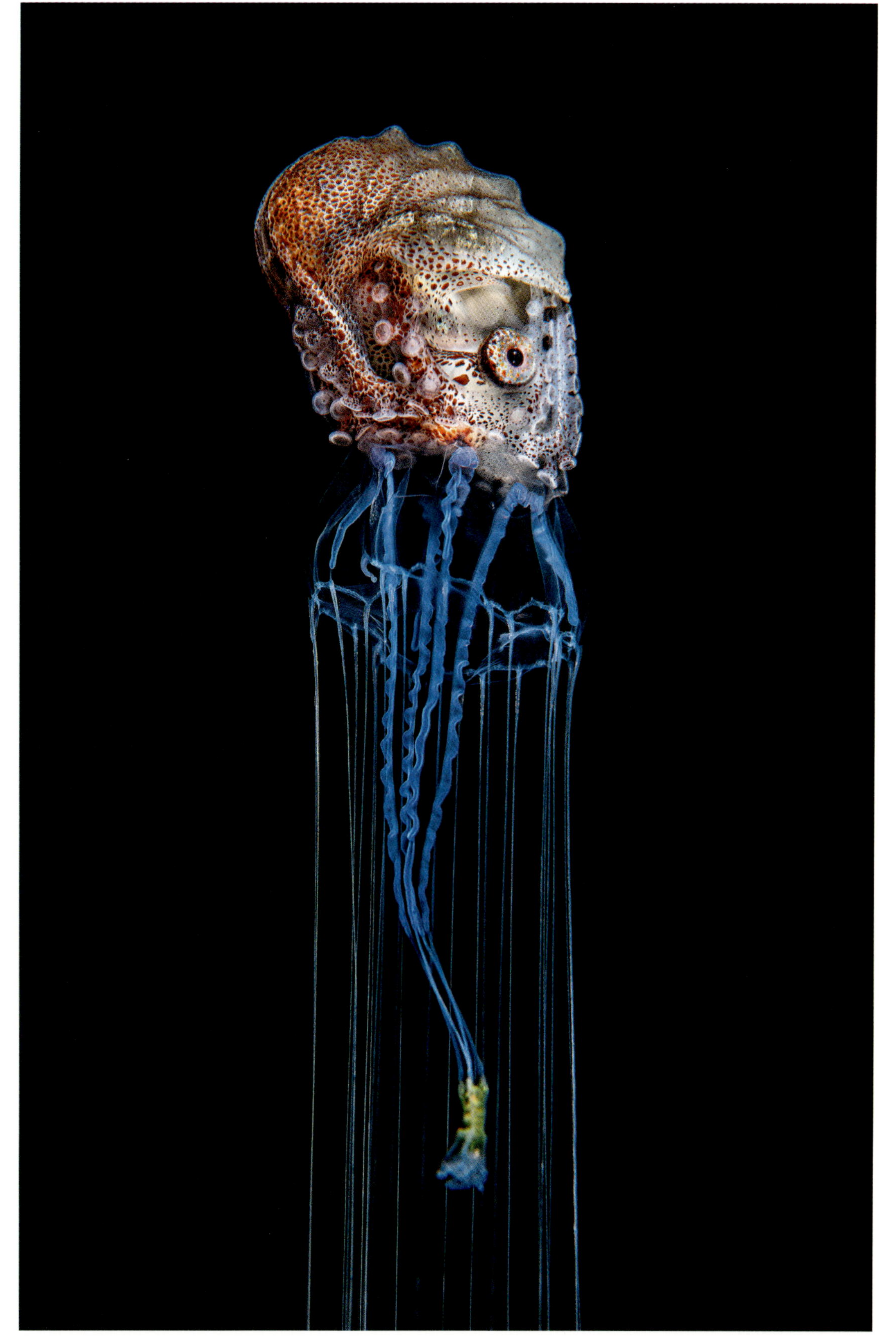

Andrew Pollard
Gentoo Flying High

Manchots papous, archipel des Malouines, territoire britannique d'outre-mer, 2021
Gentoo Penguins, Falkland Islands, British Overseas Territory, 2021

“ Les manchots papous *(Pygoscelis papua)* sont l'une des cinq espèces de manchots présentes sur l'archipel des Malouines, connu en anglais sous le nom d'îles Falklands, dans l'océan Atlantique Sud. Un groupe a ici été photographié sur la plage nord de New Island au moment de son retour de pêche. Regagner le rivage n'est pas de tout repos : les manchots doivent braver les mers agitées qui les rejettent sur la plage, ainsi que les possibles attaques d'otaries australes qui les guettent dans les eaux peu profondes – raison pour laquelle ils se regroupent au large avant de rejoindre la terre ferme. Le manchot papou se nourrit principalement en surface, mais peut aussi plonger à plus de 200 mètres de profondeur. Il chasse généralement en petits groupes, mais des rassemblements de plusieurs centaines d'oiseaux ont déjà été observés en mer, jusqu'à près de 75 kilomètres des côtes. Avec une vitesse de pointe de 35 km/h, les manchots papous sont les oiseaux nageurs les plus rapides au monde.

“ *Gentoo penguins* (Pygoscelis papua) *are one of the five species of penguin found in the Falklands Islands in the South Atlantic Ocean. A group was photographed here on the North Beach at New Island as they returned from fishing. Getting back to shore is no easy task: the penguins have to brave the rough seas that throw them ashore, as well as possible attacks from southern sea-lions that lie in wait for them in the shallow waters – which is why they gather offshore before reaching the land. Gentoo penguins feed mainly at the surface but can also dive to depths of over 200 metres. They generally hunt in small groups, but gatherings of several hundred birds have been observed at sea, up to 75 km off the coast. With a top speed of 35km/h, penguins are the fastest swimming birds in the world.*

RUNNER UP

100-400 mm f/4.5-5.6 Lens - 1/6400 sec at f/8 ISO 800

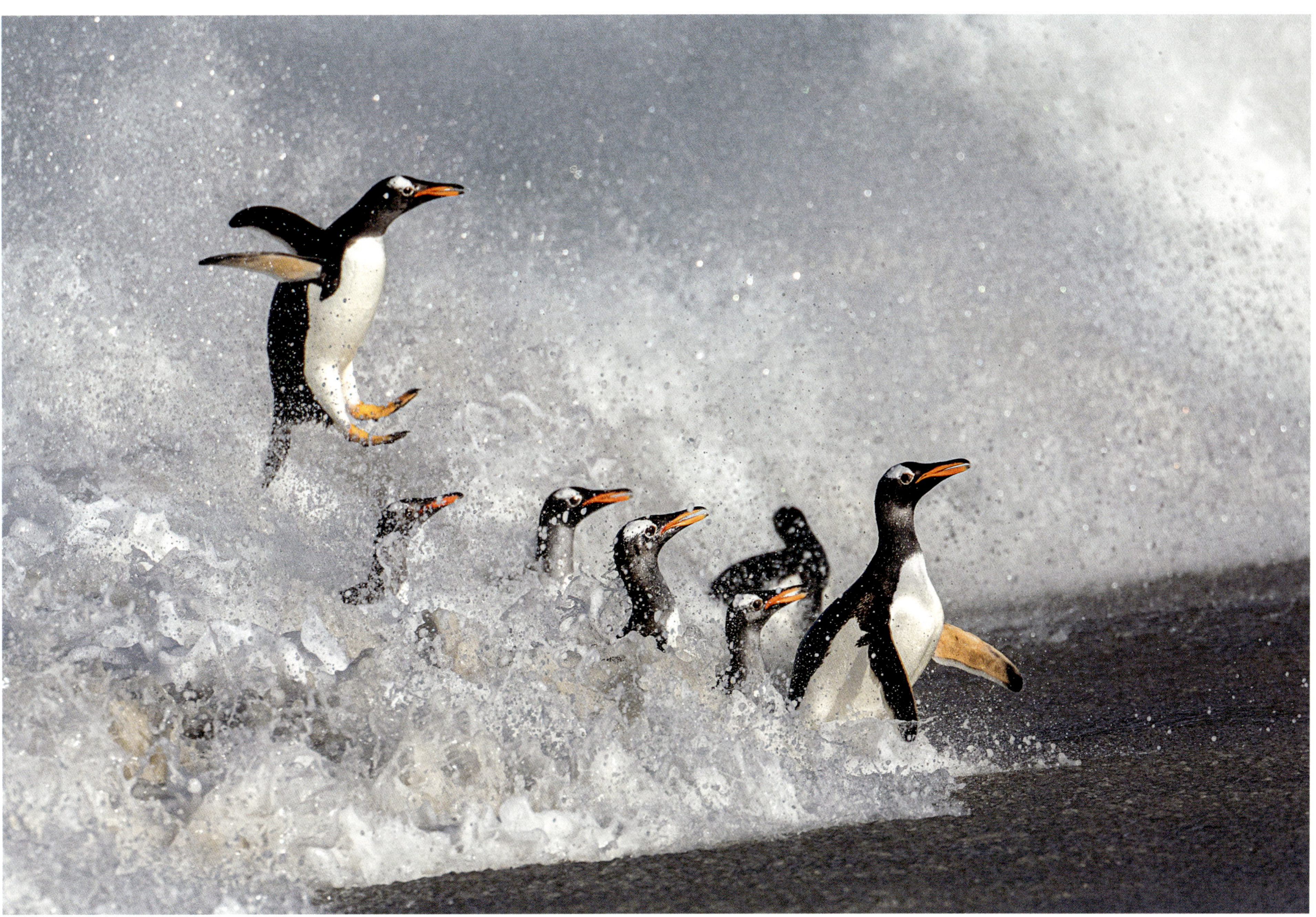

Nataya Chonecadeedumrongkul
Barrel Sponge Symphony Orchestra
Crevettes danseuses dans une éponge, Thaïlande, 2022
Hinge-beak shrimps in a sponge, Thailand, 2022

66 La crevette danseuse *(Rhynchocinetes durbanensis)* vit généralement en colonies. La plus grande que j'aie jamais vue a été observée à Koh Haa, dans le sud de la mer d'Andaman, en Thaïlande, au creux d'une éponge baril *(Xestospongia testudinaria)*. Ces crevettes d'environ neuf centimètres de long, rayées de rouge et blanc vif, se déplacent d'avant en arrière avec des mouvements saccadés qui font penser à des pas de danse, leur rostre recourbé vers le haut. Je suis tombée sur cette colonie très active au crépuscule. La crevette au premier plan semblait conduire le groupe comme un chef d'orchestre dirigeant une symphonie. Dans le domaine de la photographie sous-marine, nous sommes souvent à la recherche de sujets rares à capturer, de scènes atypiques ou d'histoires d'animaux incroyables à raconter. C'est ce que cette performance des crevettes danseuses m'a inspiré : une découverte qui nous rappelle combien la nature est extraordinaire.

66 *The hinge-beak shrimp, (Rhynchocinetes durbanensis), is usually found in colonies. The largest one I have ever seen was at Koh Haa, in the southern Andaman Sea, Thailand, in the hollow of a barrel sponge (Xestospongia testudinaria). These shrimps, about 9 centimeters long with eye-catching red and white stripes, exhibit a dance-like movement, moving back and forth abruptly, with their beaks pointing upwards. I came across this very active colony at almost twilight. The shrimp in the foreground seemed to lead the group like a conductor leading a symphony. In underwater photography, we are often on the lookout for rare subjects to capture, atypical scenes or incredible animal stories to convey. That's what this hinge-beak shrimps' performance inspired in me: a discovery that reminds us just how extraordinary nature really is.*

RUNNER UP

60mm f/2.8 + MWL-1 Lens - 1/50 sec at ISO 800

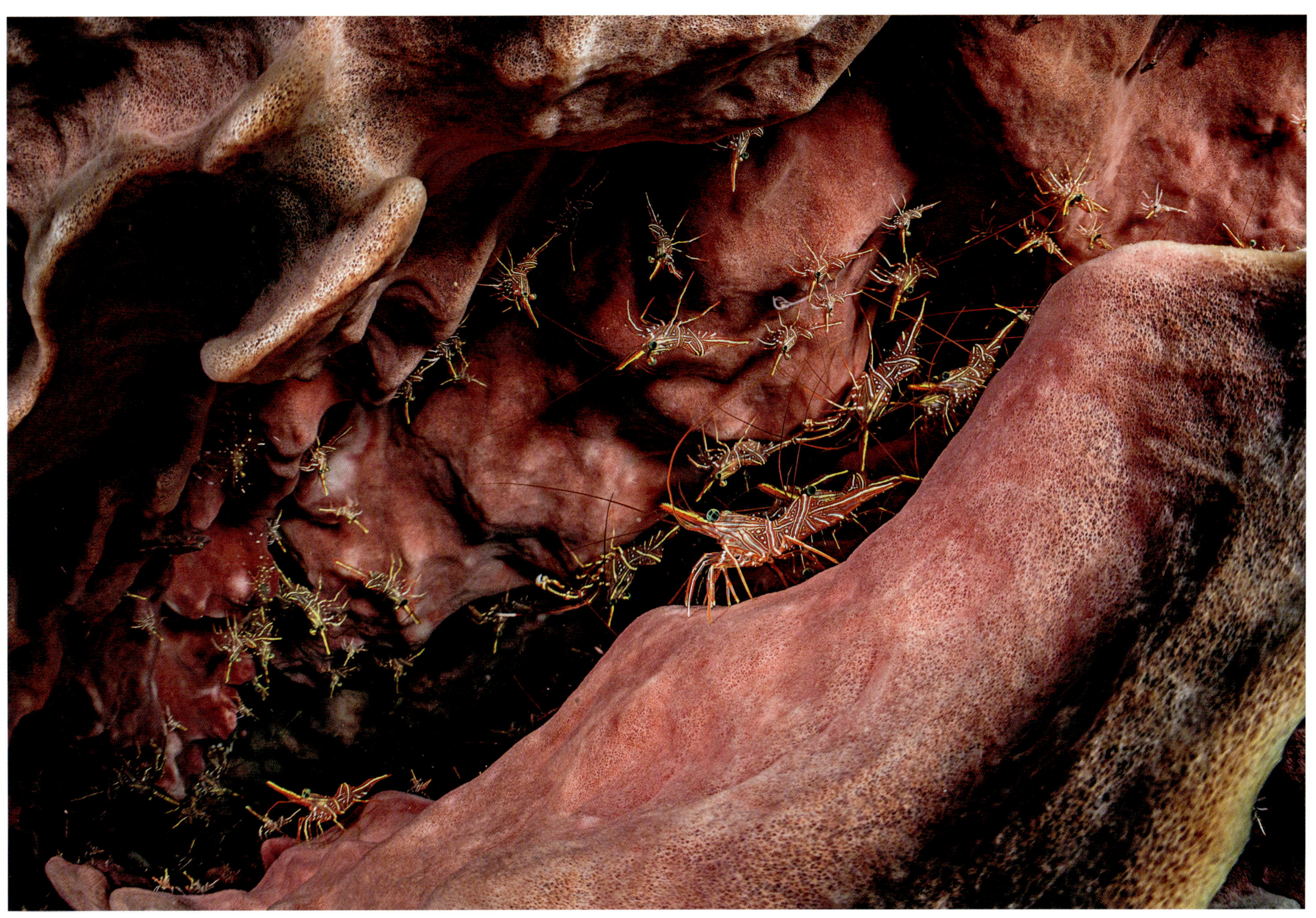

Daniel E. Nicholson
The Hunt
Requin gris de récif en chasse, Australie, 2021
Hunt for a grey reef shark, Australia, 2021

“ De nombreuses espèces de requins peuplent le récif corallien de Ningaloo, classé au patrimoine mondial, au large de la côte ouest de l'Australie. L'une des plus couramment observées est le requin gris de récif *(Carcharhinus amblyrhynchos)*, en particulier sur les sites de plongée, car ce sont des poissons curieux s'approchant facilement des humains, ou dans les récifs coralliens relativement peu profonds. Cette photographie a été prise en plongée libre, au milieu d'un banc de poissons en formation dite de « boule d'appâts », une technique de défense face aux attaques des prédateurs. Une centaine de requins étaient en train de chasser, pénétrant dans les « boules » jusqu'à y disparaître, puis jaillissant du banc en dispersant les poissons. Les requins gris de récif sont actuellement répertoriés comme « en voie de disparition » dans la liste rouge des espèces menacées de l'Union internationale pour la conservation de la nature (UICN), principalement à cause de la surpêche.

“ *Many species of shark inhabit the World Heritage-listed Ningaloo coral reef off the west coast of Australia. One of the most commonly seen is the grey reef shark* (Carcharhinus amblyrhynchos), *particularly at dive sites, as it is a curious species that easily approaches humans, or in relatively shallow coral reefs. This photo was shot while free diving, in the middle of a school of fish known as a "bait ball", a defence technique against predator attacks. Around a hundred sharks were hunting, penetrating the "balls" until they disappeared, then bursting out, scattering the fish. Grey reef sharks are currently listed as "endangered" on the International Union for Conservation of Nature (IUCN) Red List of Threatened Species, mainly due to overfishing.*

MENTION D'HONNEUR / HONOURABLE MENTION

17-28 mm f/2.8-2.8 Lens - 1/640 sec at f/6.3 ISO 640

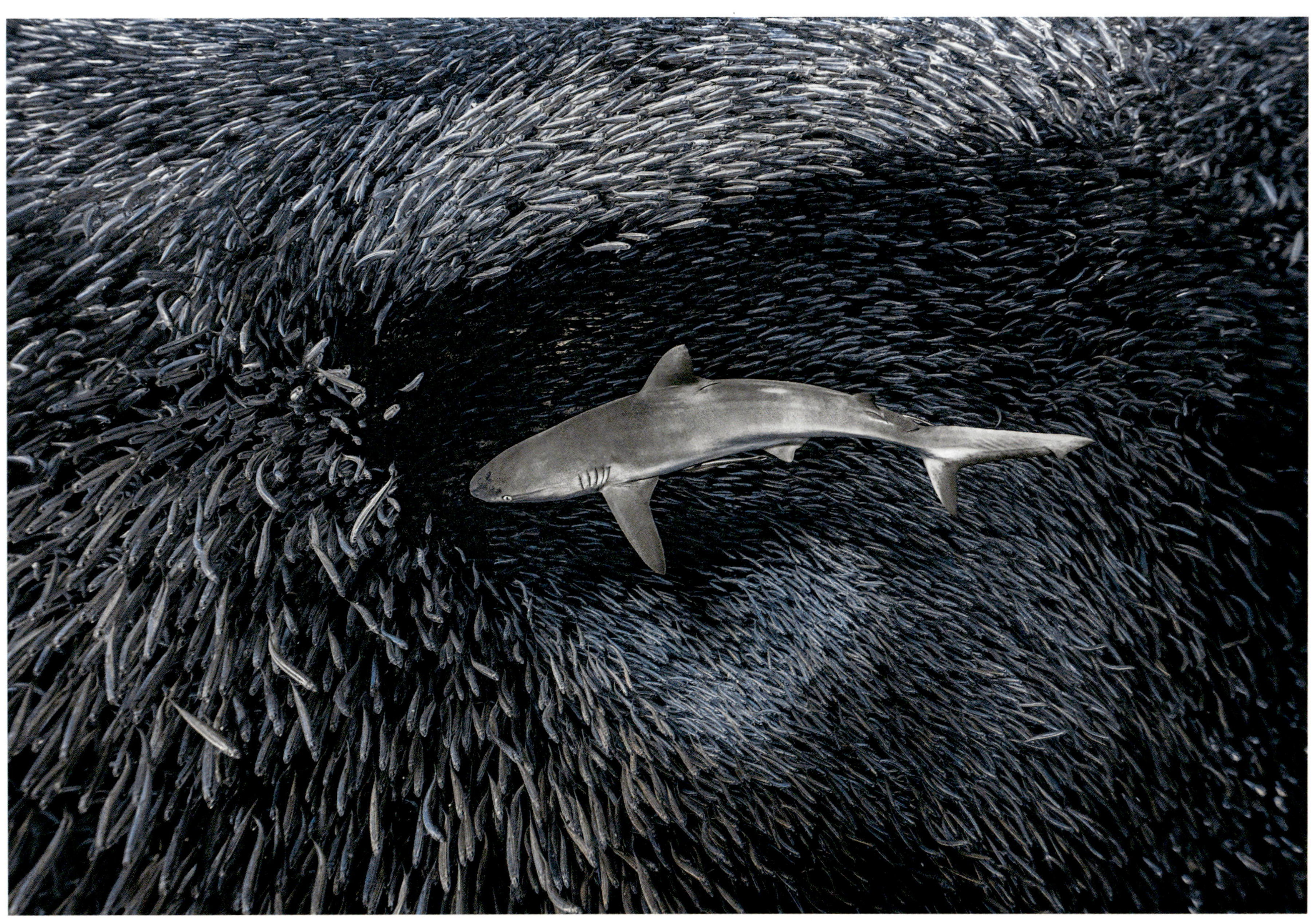

Magnus Lundgren
Jellyfish Mimicry
Duo de cordonniers-fils, Philippines, 2019
Duo of African pompano, Philippines, 2019

66 Le cordonnier-fil ou carangue à plumes *(Alectis ciliaris)* est une espèce cosmopolite que l'on trouve dans les océans tropicaux du monde entier. Les individus adultes mesurent environ 130 centimètres et chassent souvent le long des côtes, alors que les juvéniles vivent en haute mer. Ceux-ci sont reconnaissables aux longs filaments de leurs nageoires d'un bleu brillant qui ressemblent aux tentacules urticants d'une méduse, un mimétisme qui leur permet de tenir à distance les prédateurs. Rencontrés au cours d'une plongée nocturne au Passage de l'Île Verte, dans la baie de Balayan, à Luzon, aux Philippines, le duo semblait exécuter un rituel de danse sous-marine langoureuse. Nageant l'un autour de l'autre, j'ai pu prendre cette photo au moment où leurs corps et leurs nageoires se sont alignés dans un joli mouvement parallèle.

66 *African pompano or threadfin trevally* (Alectis ciliaris) *is a true cosmopolitan species found in tropical oceans around the globe. Adult individuals measure around 130 cm and often hunt along the coastlines, while the juveniles live in the open ocean. They can be recognised by the long filaments on their gleaming blue fins, which resemble the stinging tentacles of a jellyfish, a mimicry that allows them to avoid predators. I found these two African pompanos on a night dive at Verde Island Passage, in Balayan Bay, Luzon, Philippines. The duo seemed to be performing a languorous underwater dance-like ritual. Swimming around each other, I was able to take this photo just as their bodies and fins aligned in a lovely parallel motion.*

MENTION D'HONNEUR / HONOURABLE MENTION

---

60 mm f/2.8 Lens - 1/250 sec at f/13 ISO 400

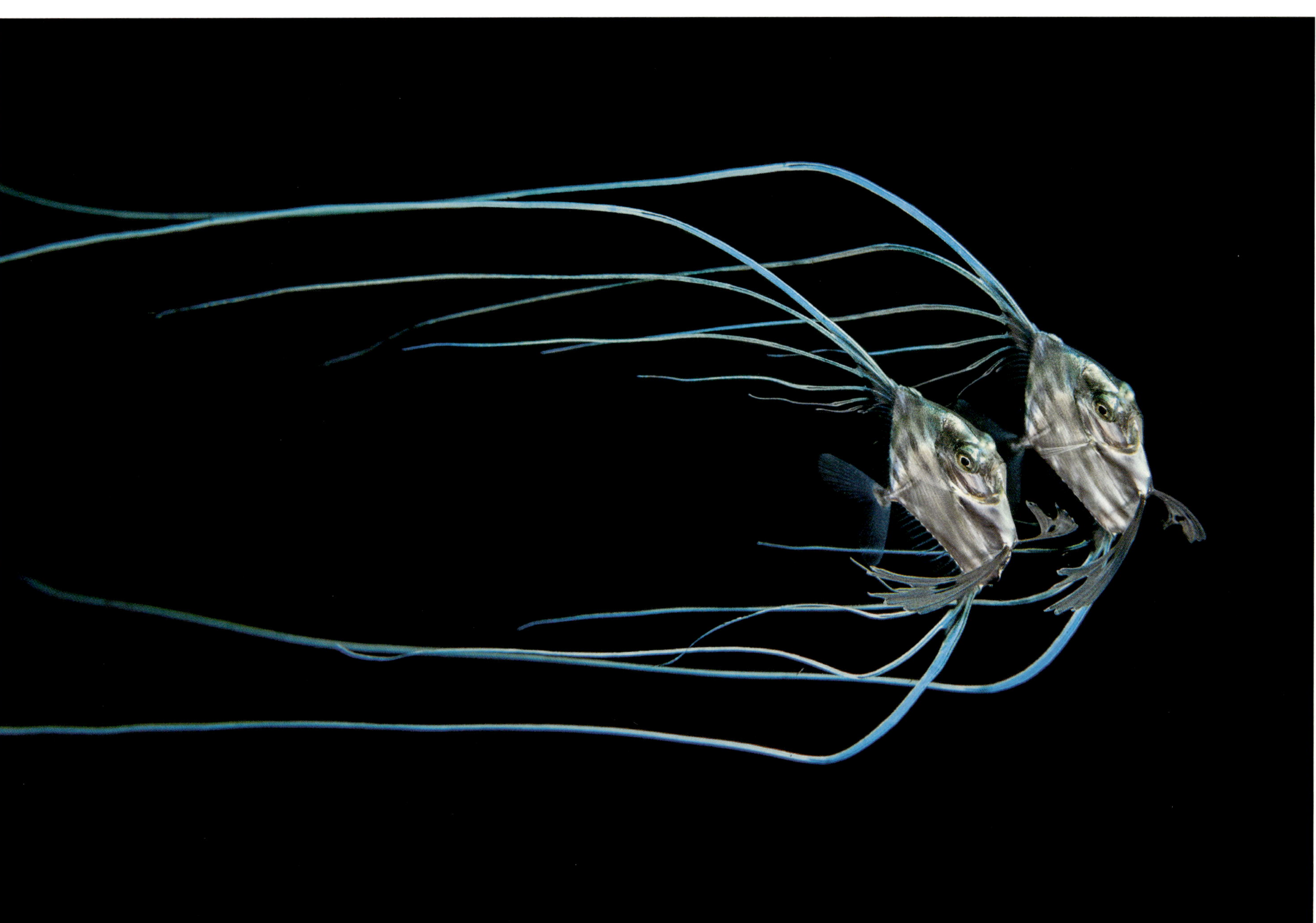

Tom Shlesinger
Colourful Underwater Snowstorm
Frai de coraux ramifiés, mer Rouge, 2019
Branching coral spawning, Red Sea, 2019

66 Au premier coup d'œil, il semble qu'une tempête de neige colorée se soit levée sous l'eau. En réalité, il s'agit d'une scène très rare de reproduction d'un animal marin tout à fait extraordinaire : le corail. Le frai des coraux ne se produit généralement qu'une fois par an, de manière synchronisée, à un moment très précis de la nuit et pendant un laps de temps très court de quelques minutes seulement. D'un coup, des milliers de coraux d'une espèce donnée se reproduisent sur des centaines de kilomètres de récif en relâchant des paquets d'ovules et de spermatozoïdes en pleine mer. Ceux-ci sont emportés par les courants, se mélangent dans l'eau, jusqu'à ce qu'ils rencontrent enfin une correspondance – un spermatozoïde fécondera un ovule et une nouvelle vie sera créée. Cette photographie fait partie d'un projet scientifique en cours visant à documenter la vie nocturne et les phénomènes de reproduction uniques des coraux et autres habitants du récif corallien le long de la côte de la mer Rouge, à Eilat, en Israël.

66 *At first glance, it looks like a colourful snowstorm has broken out underwater. In reality, it is a very rare scene of the reproduction of an extraordinary marine animal: the coral. Coral spawning generally only occurs once a year, in a synchronised way, at a very precise moment of the night and for a very short time window of only a few minutes. At the exact same time, thousands of corals of a given species along hundreds of kilometres of the reef reproduce by spawning egg-and-sperm bundles altogether into the open sea. These bundles will be carried away by the currents, mixing in the water, until they finally encounter a match—a sperm will fertilize an egg and new life will be created. This photo is part of an ongoing scientific project documenting the nightlife and unique reproductive phenomena of corals and other inhabitants of the coral reef along the Red Sea coast of Eilat, Israel.*

MENTION D'HONNEUR / HONOURABLE MENTION

90 mm f/2.8 Lens - 1/160 sec at f/16 ISO 200

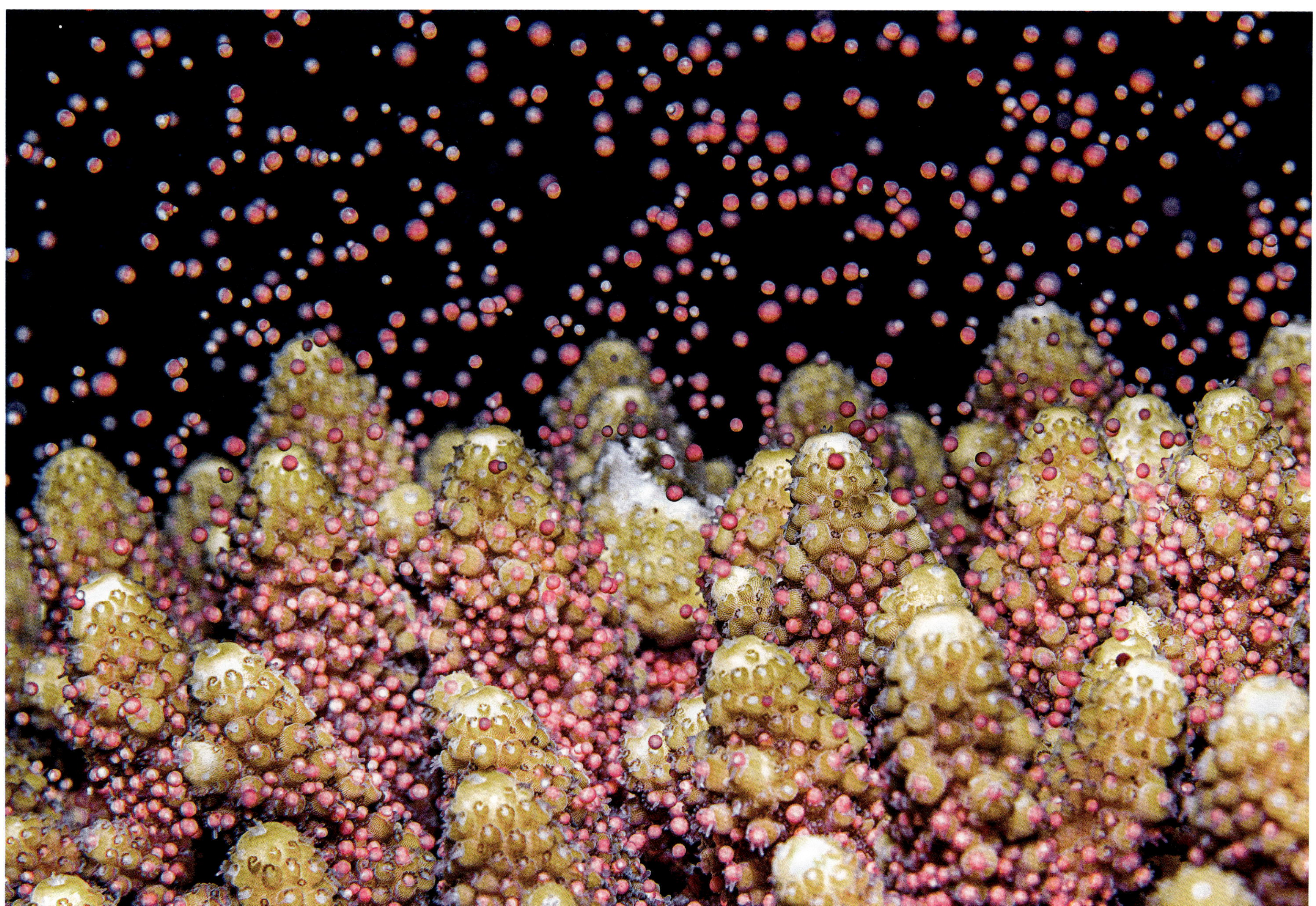

Catherine Holmes
Hidden Jewel

Hippocampe pygmée, Philippines, 2023
Bargibanti pygmy seahorse, Philippines, 2023

66 Un minuscule hippocampe pygmée *(Hippocampus bargibanti)* est observé ici dans sa maison de gorgones. J'ai eu la chance de pouvoir le photographier pendant qu'il se déplaçait entre les branches dans lesquelles il est habituellement caché. On peut ainsi voir son corps délicat, couvert de tubercules qui ressemblent aux bourgeons de l'éventail, et sa queue préhensile qui lui sert de point d'ancrage. Cet hippocampe possède un camouflage exceptionnel, capable de changer de couleur pour se fondre dans son éventail. Il vit toute sa vie d'adulte sur une seule gorgone (*Muricella* sp.) et est l'un des plus petits hippocampes au monde. Cette image a été prise à Anilao, dans la province de Batangas aux Philippines, un sanctuaire marin au cœur de la biodiversité marine mondiale. Ce magnifique hippocampe, semblable à un bijou, représente une lueur d'espoir pour le renouveau de nos fragiles et précieux récifs coralliens, si menacés par la pollution et le réchauffement climatique, où les espèces et les écosystèmes disparaissent à un rythme insoutenable.

66 *A tiny Bargibanti pygmy seahorse* (Hippocampus bargibanti) *is seen here in its gorgonian fan home. Usually found nestled camouflaged amongst the fronds, I was luckily able to isolate the seahorse against the black background as it moved between branches. This showed off its delicate body, covered in tubercles, resembling the buds on the fan, and its anchoring prehensile tail. This seahorse has exceptional camouflage, able to change colour to blend in with its fan. It lives its entire adult life on a single gorgonian fan (Muricella sp.) and is one of the smallest seahorses in the world. This image was taken in Anilao, in the Batangas Province of the Philippines, a designated marine protected sanctuary. This area is at the core of the world's marine biodiversity. This beautiful jewel-like seahorse shines as a beacon of hope of renewal for our fragile and precious coral reefs so under threat from pollution and global warming, where species and ecosystems are disappearing at an unsustainable pace.*

MENTION D'HONNEUR / HONOURABLE MENTION

105 mm f/2.8 Lens - 1/250 sec at f/22 ISO 100

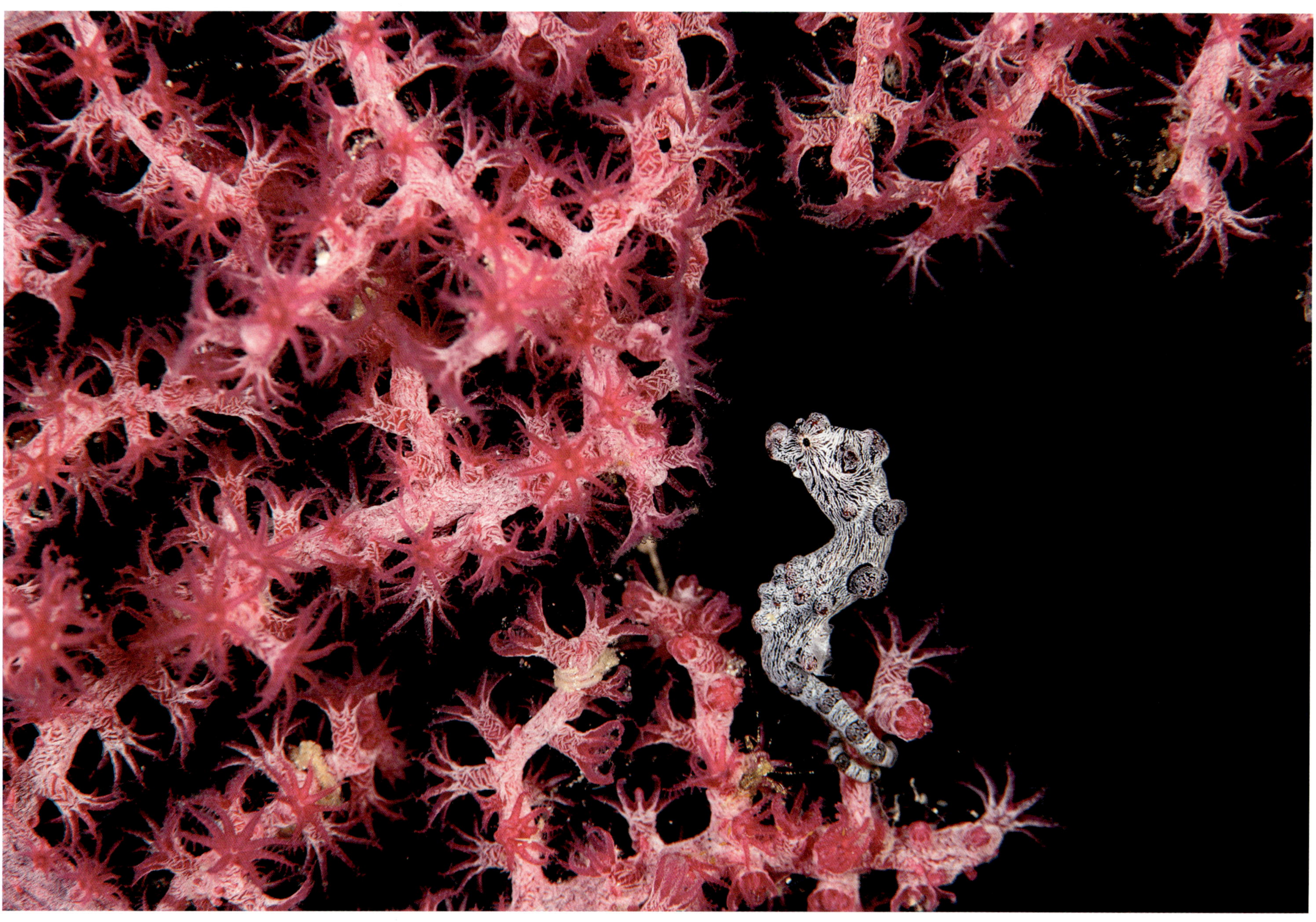

AU CŒUR DE LA FORÊT

INTO THE FOREST

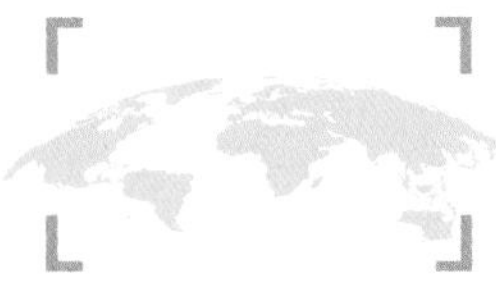

Jaime Rojo
Explosion of Monarchs
Papillons monarques dans les forêts de sapins, Mexique, 2022
Monarch butterflies in fir forests, Mexico, 2022

66 Les jours s'allongent et se réchauffent dans les forêts de sapins d'Oyamel. Les premiers signes du printemps s'accompagnent d'une augmentation remarquable de l'activité dans la réserve de biosphère des papillons monarques du Michoacán. Ces derniers ont emmagasiné suffisamment de graisse avant la migration, de sorte que la plupart d'entre eux n'ont pas besoin de beaucoup manger lorsqu'ils hivernent au Mexique. En revanche, ils ont besoin de boire, de l'eau ou de la rosée, car ils peuvent être très actifs au cours des chaudes journées. Pour étancher leur soif, des milliers d'entre eux s'installent près de petits cours d'eau, où ils absorbent le liquide et les minéraux vitaux depuis le sol humide – un comportement appelé « pataugeage ». Le changement climatique et les plantations d'avocats qui sont gourmandes en eau et empiètent sur la réserve modifient l'équilibre hydrique délicat dont dépendent ces forêts – et les monarques.

66 *As the days get longer and warmer in the oyamel fir forests, the first signs of spring bring with them a remarkable increase in activity at the Monarch Butterflies Biosphere Reserve in Michoacán. The monarchs have stored enough fat prior to the migration, so most of them don't need to eat much when they are overwintering in Mexico, but they do need to drink, so water or dew must be available to them because they can be pretty active in the heat of the day. To quench their thirst, thousands swarm to the ground near small streams, where they sip liquid and vital minerals from the wet soil—a behaviour called puddling. Climate change and the water-thirsty avocado plantations that encroach on the reserve are changing the delicate moisture balance on which these forests –and the monarchs– depend.*

LAURÉAT DE CATÉGORIE / CATEGORY WINNER

14-24mm f/2.8 Lens - 1/2000 sec at f/13 ISO 2000

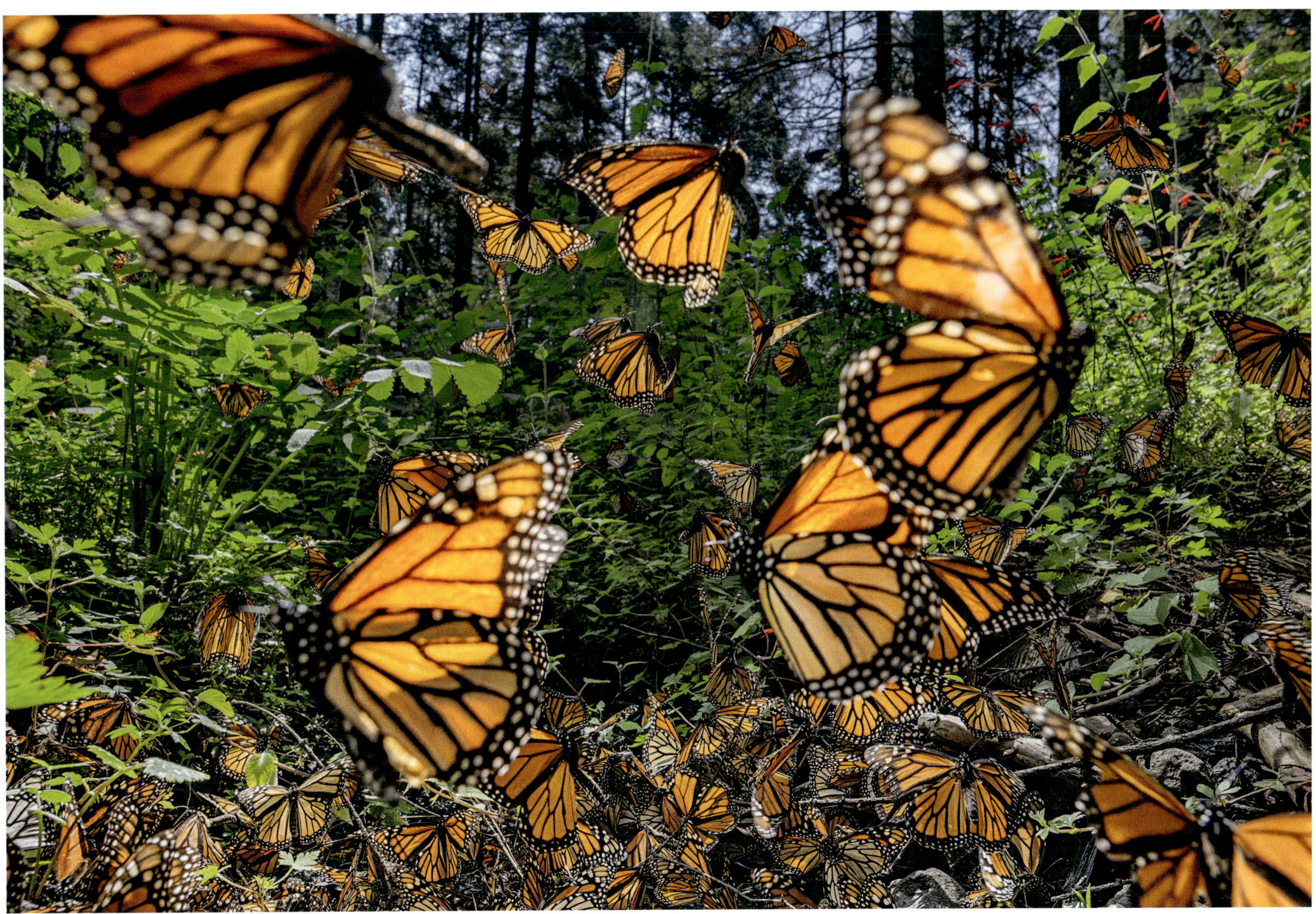

Soumya Ranjan Bhattacharyya
Galaxies at My Feet
Cicadelle jaune sur un champignon, Inde, 2022
Yellow planthopper on a fungus, India, 2022

“ En visitant la forêt humide à feuilles caduques aux abords de la réserve naturelle du Bhagwan Mahavir Wildlife Sanctuary à Goa, à la fin de la saison de la mousson, j'ai pu observer la dispersion des spores des champignons polypores. Alors que je photographiais de nuit un groupe de ces champignons qui se développent en étage sur l'écorce des arbres, une cicadelle jaune est venue se poser sur l'un d'eux, au milieu des volutes dessinées par la dispersion vigoureuse de leurs spores. J'ai rétro-éclairé la scène avec ma lampe de poche pour en faire ressortir toute la magie. Lorsque la sporulation est devenue plus intense, l'insecte s'est envolé. Les Ghâts occidentaux, couvrant une superficie de 140 000 km², sont l'un des hauts lieux de la biodiversité mondiale, abritant une grande partie des espèces végétales et animales de l'Inde, dont de nombreuses sont endémiques.

“ *While visiting the moist deciduous forest on the outskirts of the Bhagwan Mahavir Wildlife Sanctuary in Goa, in the late monsoon season, I was able to observe the spore dispersal of bracket fungi, also known as shelf or polypore fungi. As I was photographing a group of these fungi at night, which grow in tiers on the bark of large trees, a yellow planthopper came to sit on one of them, amidst the volutes created by the vigorous dispersal of their spores. I backlit the scene with a flashlight to bring out all the magic. When the sporing became more intense, the insect flew away. The Western Ghats, covering an area of 140,000 km², are one of the world's biodiversity hotspots, home to a large proportion of India's plant and animal species, many of which are endemic.*

RUNNER UP

---

105 mm f/2.8 Lens - 1/200 sec at f/8 ISO 1000

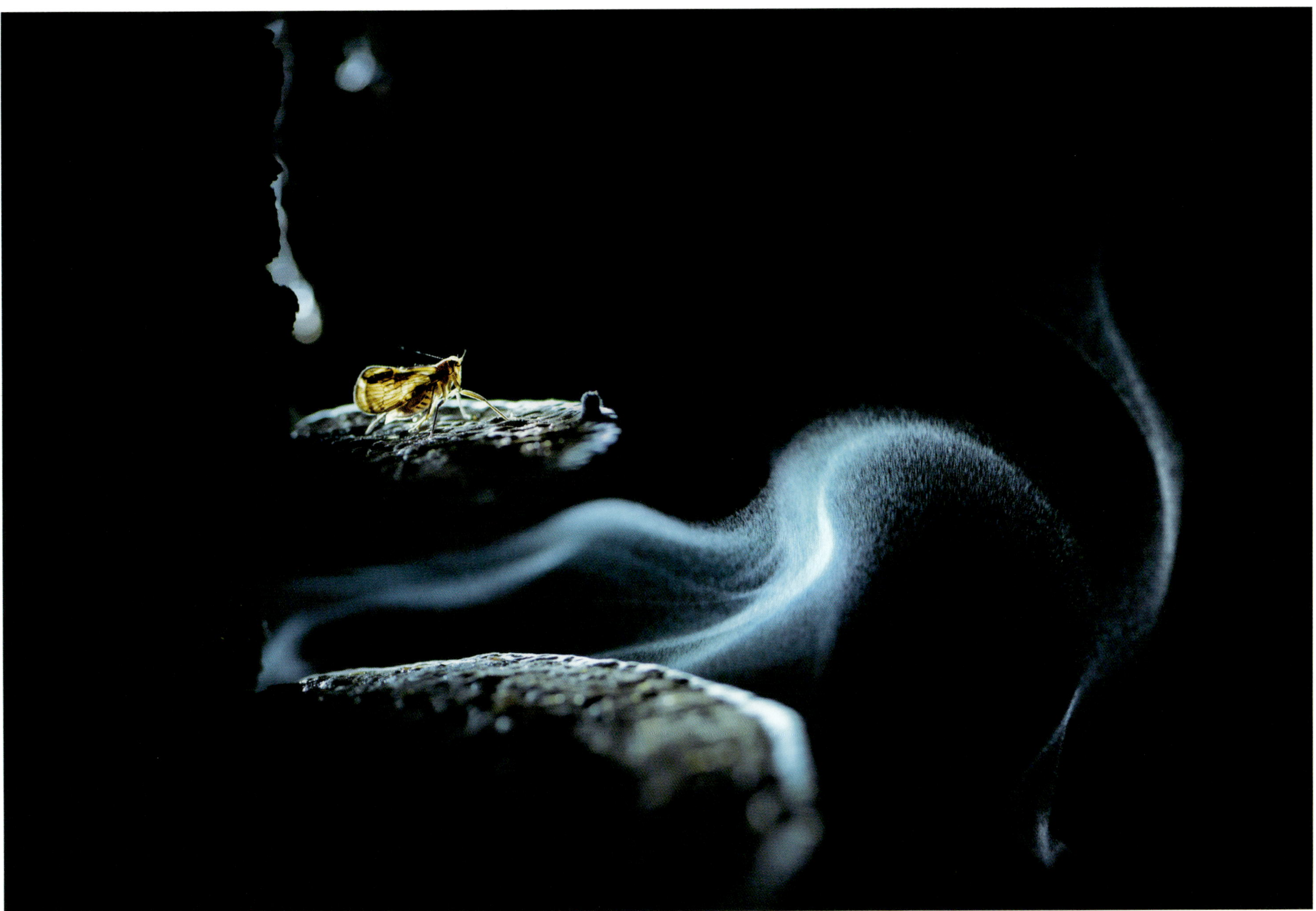

Vladimir Cech Jr.
Sumatra Serow
Saro de Sumatra, Indonésie, 2021
Sumatran serow, Indonesia, 2021

“ Le Saro de Sumatra *(Capricornis sumatraensis)*, ou Serow de Sumatra, est une espèce d'antilope chèvre originaire des forêts de montagne de la péninsule thaïlandaise et malaisienne et de l'île de Sumatra en Indonésie. En raison de la destruction de son habitat par l'exploitation forestière et l'agriculture, ainsi que de la menace que représente la chasse intensive à son égard (pour sa viande et sa peau), il est considéré comme « vulnérable » selon la liste rouge des espèces menacées de l'Union internationale pour la conservation de la nature (UICN). Cet individu a été observé dans le parc national de Gunung Leuser à Sumatra. Relativement rare dans la jungle, cet animal est très occasionnellement photographié.

“ *The Sumatran serow* (Capricornis sumatraensis), *also known as the southern serow, is a species of goat-antelope native to the mountain forests of the Thai and Malaysian peninsulas and the island of Sumatra in Indonesia. Due to the destruction of its habitat by logging and agriculture, as well as the threat posed by intensive hunting (for its meat and skin), it is considered "vulnerable" on the International Union for Conservation of Nature (IUCN) Red List of Threatened Species. This particular individual was observed in the Gunung Leuser National Park in Sumatra. Relatively rare in the jungle, this animal is hardly ever photographed.*

RUNNER UP

10-20 mm f/8 Lens - 1/200 sec at f/8 ISO 400

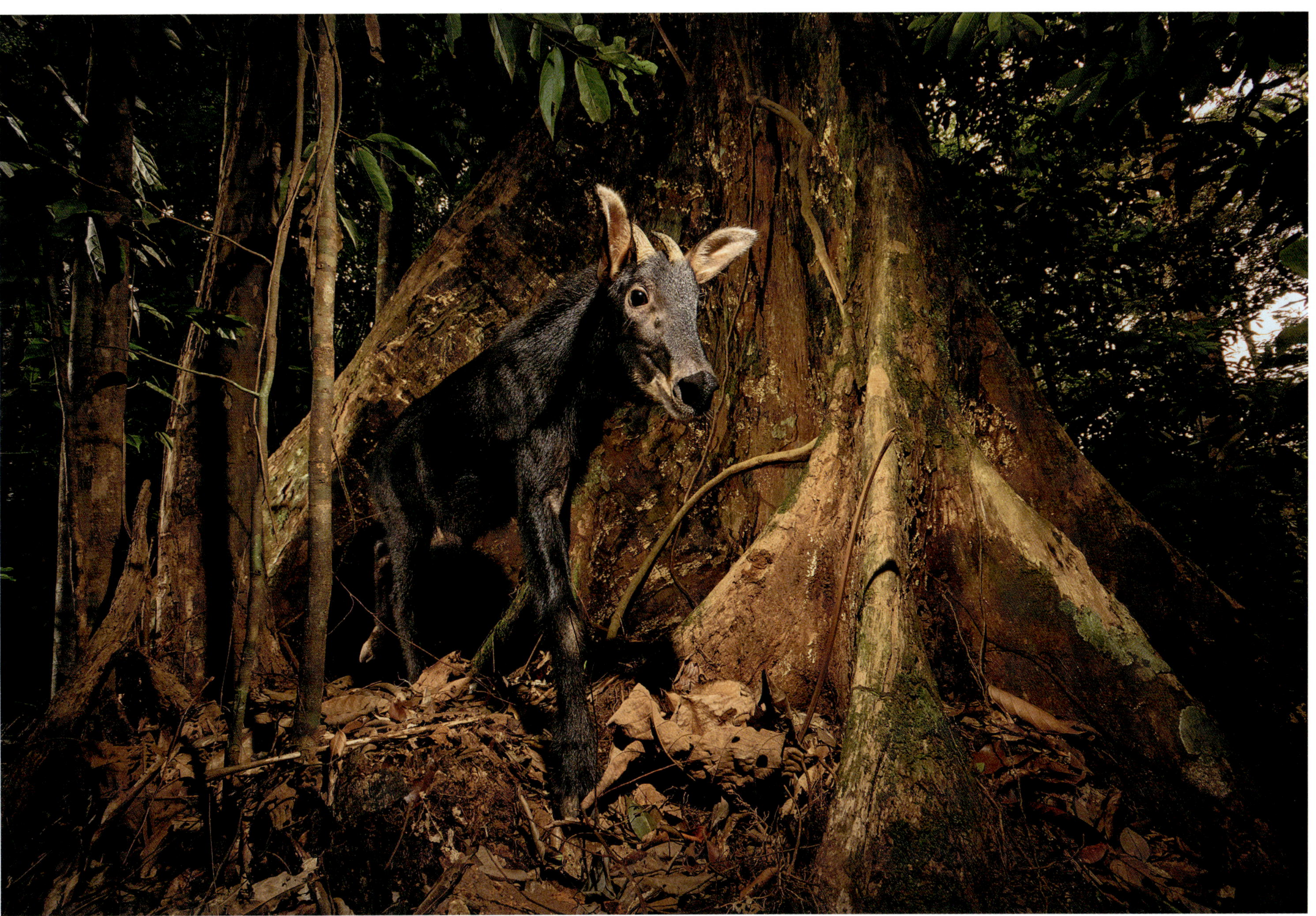

Atzmon Dagan
Asleep

Lionne dormant dans un acacia, Tanzanie, 2023
Lioness sleeping on an acacia tree, Tanzania, 2023

66 Cette photographie a été prise dans l'un des plus grands parcs de Tanzanie, le Serengeti, dont le nom signifie « plaines infinies » en masaï, et qui constitue l'une des réserves animalières les plus riches d'Afrique. On y trouve notamment l'une des plus importantes populations de lions, avec environ 3 000 individus recensés. Outre les scènes de chasse incroyables, il est également possible d'assister à la sieste des lions dans les arbres du Serengeti. Les groupes de lions et lionnes s'installent à l'ombre des baobabs, des acacias ou des arbres à saucisses, ou grimpent dans leurs branches pour s'y reposer. Ici, une lionne est endormie dans un acacia faux-gommier *(Acacia tortilis)*, arbre emblématique de la savane africaine, qui offre une cime aplatie caractéristique pouvant monter jusqu'à vingt mètres de hauteur, ainsi qu'un magnifique enchevêtrement de branches. J'ai passé une heure avec cette superbe lionne, en attendant d'obtenir « la » photo que j'attendais – la lionne sautant de l'arbre. Quand j'ai compris qu'elle n'allait pas se réveiller de sitôt, j'ai demandé au guide de faire demi-tour pour que je puisse me concentrer sur cette remarquable scène offerte à mon regard depuis le début.

66 *This photograph was taken in one of Tanzania's largest parks, the Serengeti, whose name means "the endless plains" in Masai, and which is one of Africa's richest wildlife reserves. It is home to one of the largest populations of lions, with around 3,000 individuals recorded. As well as incredible hunting scenes, one can also witness the lions taking a siesta in the trees of the Serengeti. Groups of lions and lionesses settle down in the shade of baobabs, acacias or sausage trees, or climb into their branches to rest. Here, a lioness is asleep in an acacia tree (Acacia tortilis), an emblematic tree of the African savannah, with a characteristic flattened top that can reach up to twenty metres in height and presents a magnificent tangle of branches. I spent an hour with this beautiful lioness, waiting to get the "money shot" I was expecting – the lioness jumping down from the tree. When I realized that she was not going to wake up any time soon, I asked the safari guide to turn the jeep around so I could focus on this great scenery that was there the whole time.*

MENTION D'HONNEUR / HONOURABLE MENTION

150-600 mm f/5-6.3 Lens - 1/250 sec at f/6.3 ISO 1800

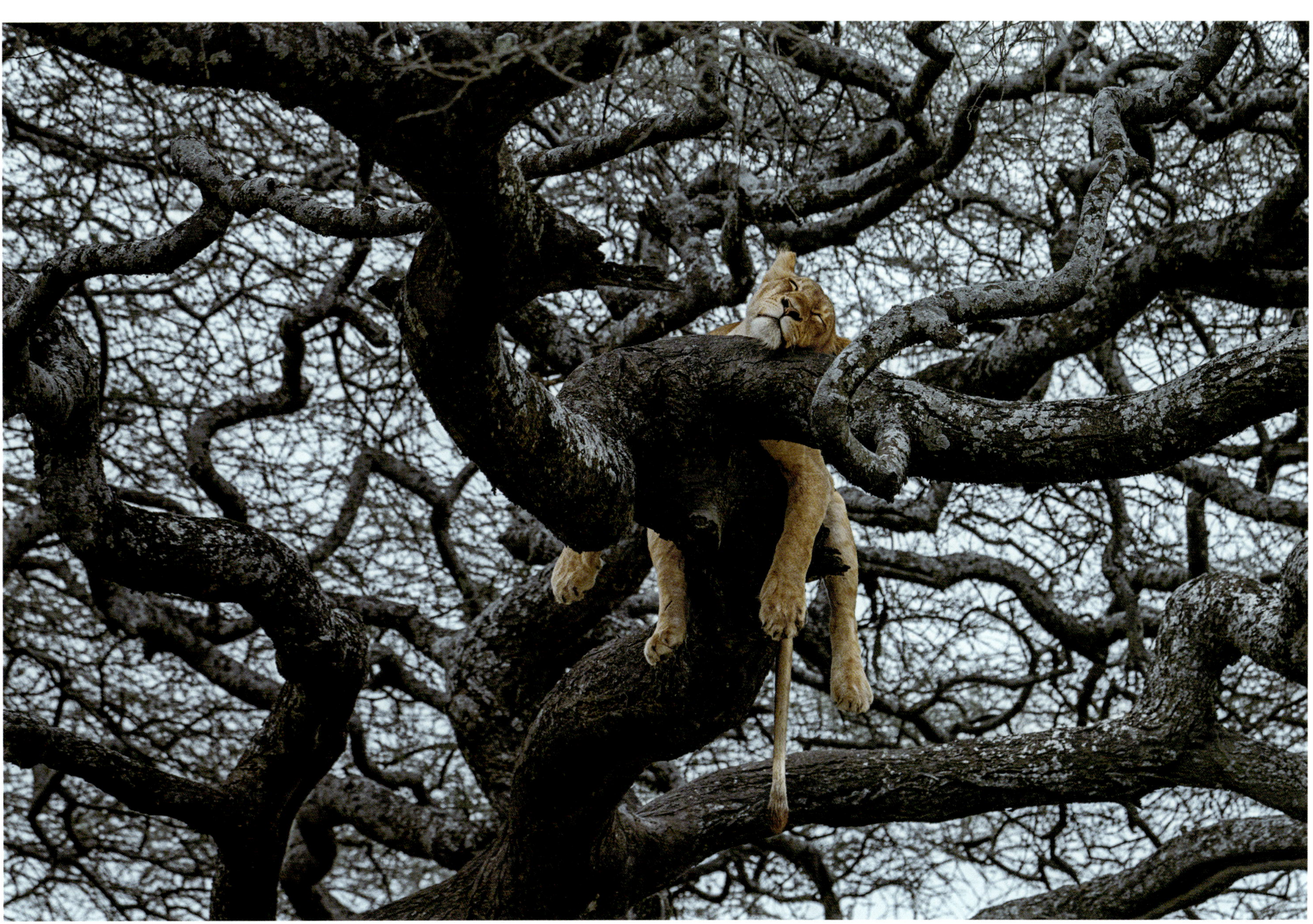

Julien Morand
Russian Dolls
Caïman gris mangeant un crapaud buffle, Guyane française, 2023
Smooth-fronted caiman eating a cane toad, French Guiana, 2023

❝ J'aime sortir la nuit dans la forêt tropicale en quête de rencontres avec la faune sauvage. Les prédateurs nocturnes, comme les caïmans, sortent de leur cachette pour chasser. Ces derniers sont faciles à repérer la nuit car leurs yeux brillent de rouge sous le faisceau des lampes et sont souvent visibles de loin. Il en existe quatre espèces différentes en Guyane française. Dans le lac de Petit-Saut, ce caïman gris *(Paleosuchus trigonatus)* de deux mètres attendait patiemment que sa proie arrive à bonne distance pour se jeter dessus. Étonnamment, c'est sur un crapaud buffle *(Rhinella marina)* que le prédateur a jeté son dévolu ce soir-là. Ceux-ci sont pourtant très toxiques pour de nombreuses espèces et, en général, ne constituent pas un mets de choix. Ils possèdent des glandes sous-cutanées sur le dos, le cou et les épaules, qui sécrètent un liquide blanc-laiteux servant à dissuader voire tuer les éventuels prédateurs. Les caïmans auraient-ils trouvé un moyen de manger les crapauds buffles sans s'empoisonner ?

❝ *I like to go out at night in the rainforest looking for wildlife. Nocturnal predators like caimans come out of hiding to hunt. It is quite easy to spot caimans at night because their eyes glow red under the beam of headlamps and are often visible from a long distance. There are four different species of caiman in French Guiana. In Petit-Saut lake, this two-metre smooth-fronted caiman (Paleosuchus trigonatus) was waiting for its prey to come within ambush distance before pouncing on it. Surprisingly, that evening the predator set its sights on a cane toad (Rhinella marina). Cane toads are highly toxic for many species and not usually a meal of choice. They have subcutaneous glands on their backs, necks and shoulders that secrete a milk-white toxin that can deter or even kill potential predators. Have caimans found a way to eat cane toads without getting poisoned?*

MENTION D'HONNEUR / HONOURABLE MENTION

200-500 mm f/5.6 Lens - 1/80 sec at f/5.6 ISO 1250

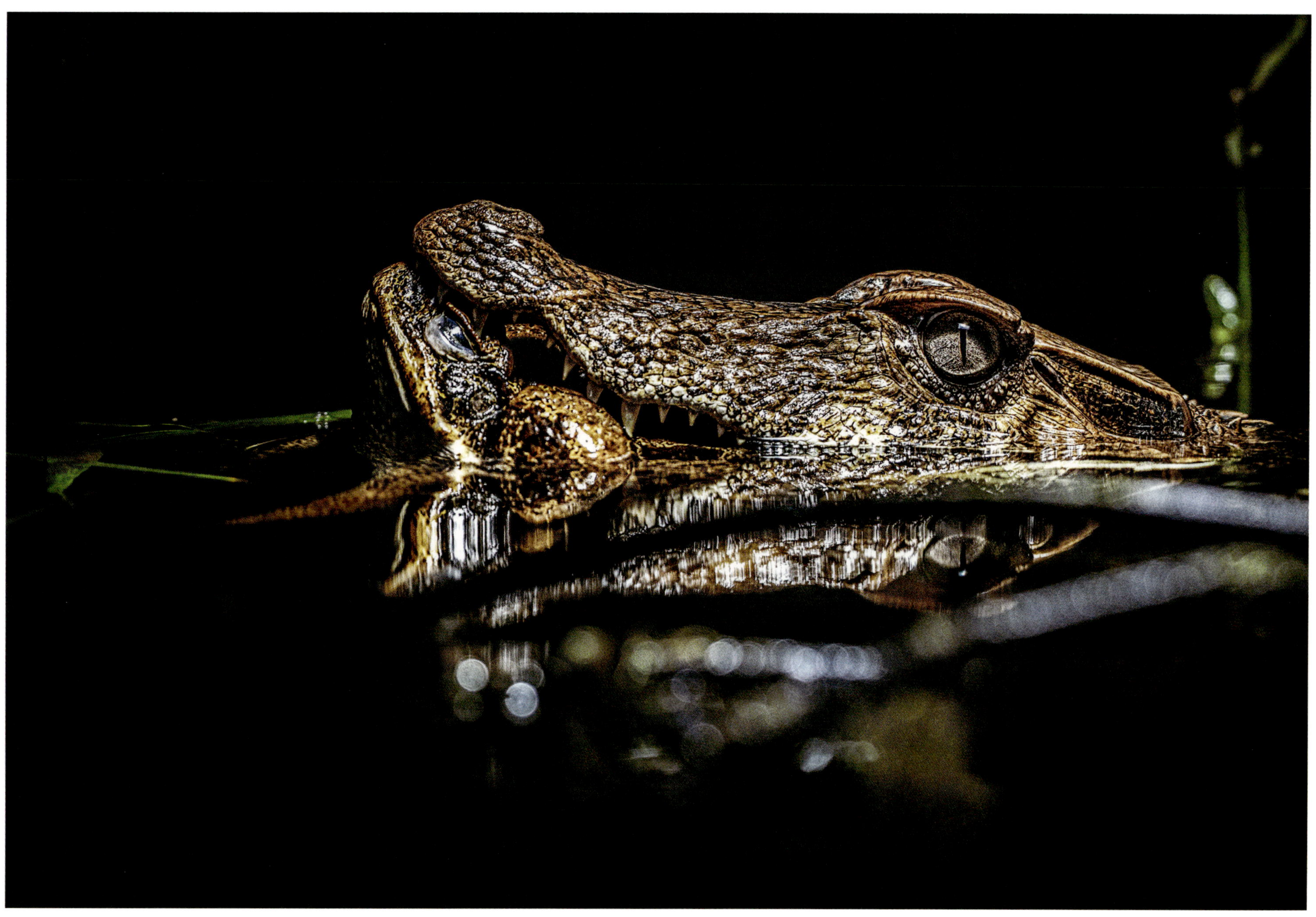

Federica Cordero
A Hammock in the Jungle
Chimpanzé dans la forêt, Ouganda, 2022
Chimpanzee in the forest, Uganda, 2022

❝ Dans le parc national de Kibale, en Ouganda, nous avons rencontré une grande famille de chimpanzés *(Pan troglodytes)* se nourrissant sur un figuier. Tout en haut de l'arbre, ils étaient difficiles à observer mais quand nous nous sommes déplacés, un jeune mâle nous a suivis dans la forêt. Il est resté avec nous pendant deux heures, assez proche du groupe, et se laissant volontiers photographier. Situé dans l'ouest du pays, le parc national de Kibale est classé « réserve forestière protégée ». Les chimpanzés, considérés comme « en danger » selon la liste rouge des espèces menacées de l'Union internationale pour la conservation de la nature (UICN), y sont à l'abri des principales menaces qui pèsent sur eux en zone sauvage, à savoir le braconnage et la disparition ou fragmentation de leur habitat liées principalement à l'agriculture et au développement des infrastructures humaines.

❝ *In Kibale National Park, Uganda, we came across a large family of chimpanzees* (Pan troglodytes) *feeding on a fig tree. High up in the tree, they were difficult to observe, but when we moved around, a young male followed us into the forest. He stayed with us for two hours, quite close to the group and was willing to be photographed. Located in the west of the country, Kibale National Park is classified as a "protected forest reserve". The chimpanzees, considered to be "endangered" according to the International Union for Conservation of Nature (IUCN) Red List of Threatened Species, are protected here from the main threats they face in the wild, namely poaching and the disappearance or fragmentation of their habitat, mainly as a result of agriculture and the development of human infrastructure.*

MENTION D'HONNEUR / HONOURABLE MENTION

24-105 mm f/4 Lens - 1/500 sec at f/6.3 ISO 10000

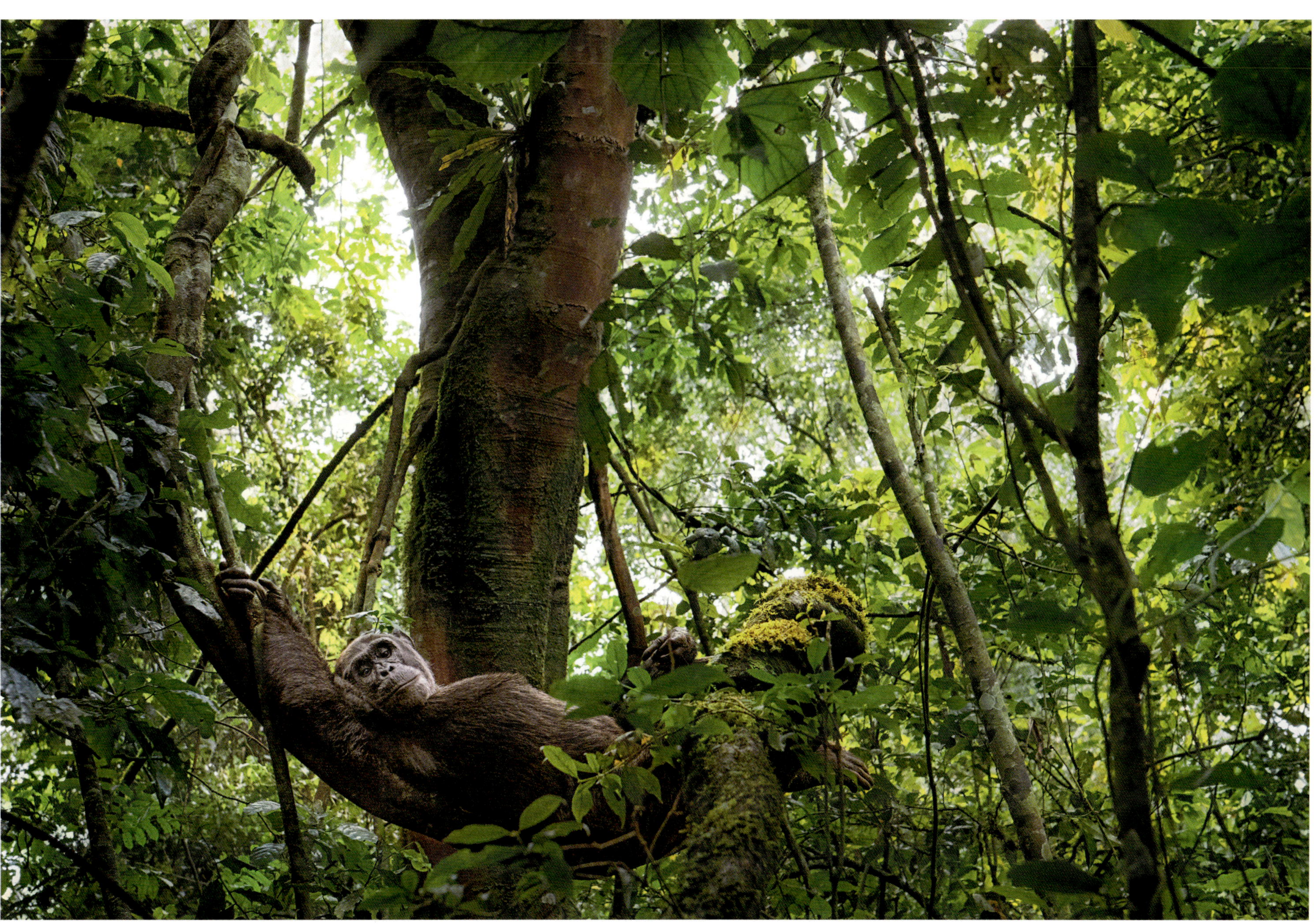

Jaime Rojo
Forest of the Monarchs

Sapins couverts de papillons monarques dans le sanctuaire d'El Rosario, Mexique, 2023
Fir trees covered with monarch butterflies in the El Rosario sanctuary, Mexico, 2023

66 Baignés de soleil et serrés les uns contre les autres pour se réchauffer en hiver, les papillons monarques couvrent les sapins du sanctuaire d'El Rosario, dans le Michoacán. Il fait frais et relativement humide à ces hautes altitudes et les monarques se sont adaptés aux mêmes conditions environnementales que les arbres. Constitués en grappes, ils sont protégés à la fois par la canopée et les uns par les autres, de sorte que les moindres changements dans le couvert forestier altèrent le microclimat délicat auquel les papillons se sont habitués. Malgré les efforts de conservation qui ont abouti à la création d'une zone protégée, la déforestation demeurait un problème au début des années 2000. Sous la direction du Mexique, une coalition internationale de gouvernements et d'organisations non gouvernementales de protection de la nature a créé un fonds fiduciaire afin de travailler avec les communautés locales et réduire les taux de déforestation, qui n'ont cessé de diminuer depuis 2009.

66 *Streaked with sunlight and crowded together for warmth in winter, monarch butterflies blanket fir trees in El Rosario Sanctuary, in Michoacán. It is cool and relatively moist at these high elevations and the monarchs have adapted to the same environmental conditions as the trees. Clustering monarchs are protected by the canopy and also by one another, so the slightest changes in the forest cover alter the delicate microclimate the butterflies have adapted to. Despite the conservation efforts that led to establishing a protected area, deforestation was still a problem in the early 2000's. A Mexican-led international coalition of governments and conservation nonprofits established a trust fund to work with the local communities and curb the deforestation rates, which have been steadily decreasing since 2009.*

MENTION D'HONNEUR / HONOURABLE MENTION

100-400 mm f/4.5-5.6 Lens - 1/25 sec at f/8 ISO 800

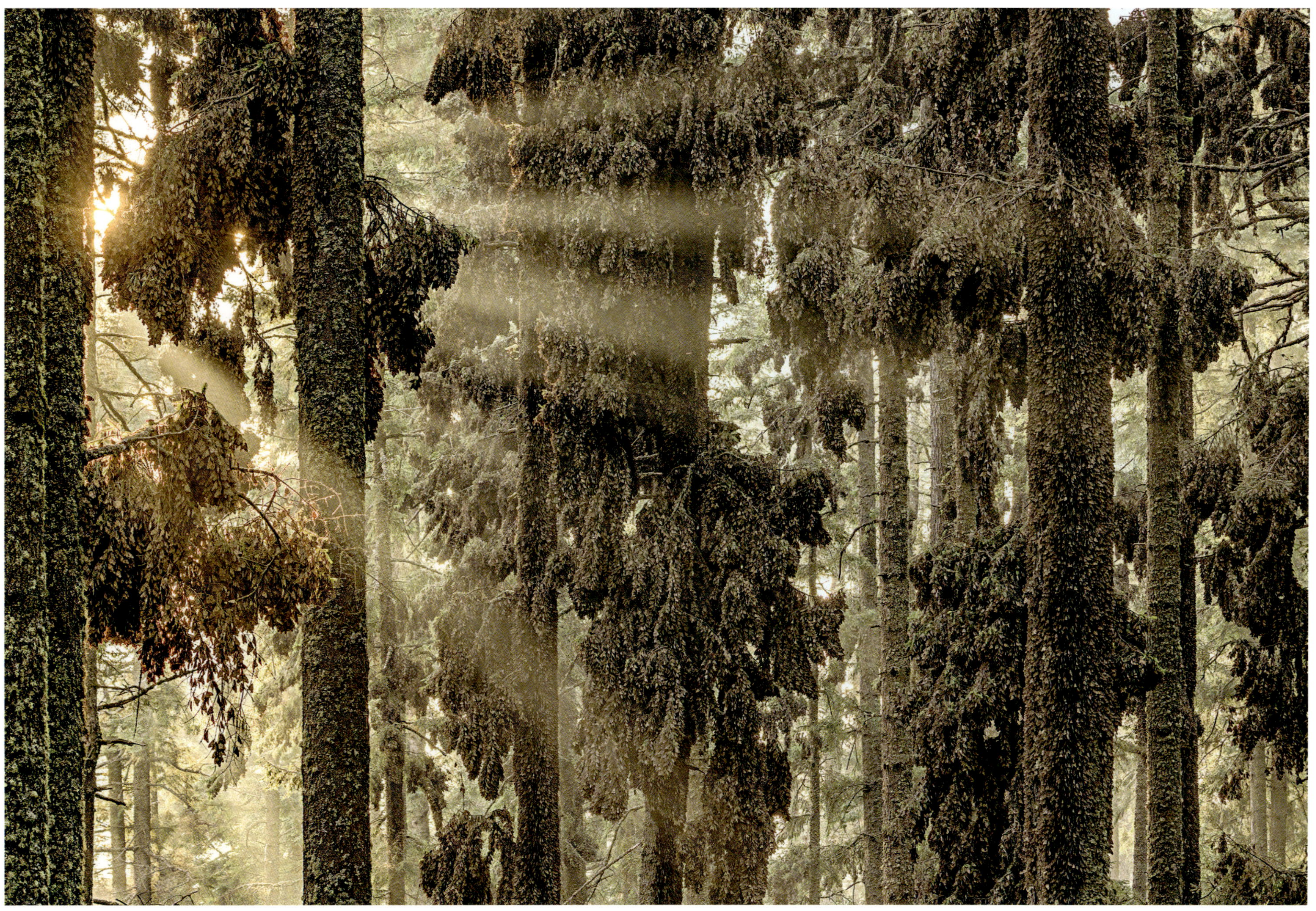

MERVEILLES POLAIRES

POLAR WONDERS

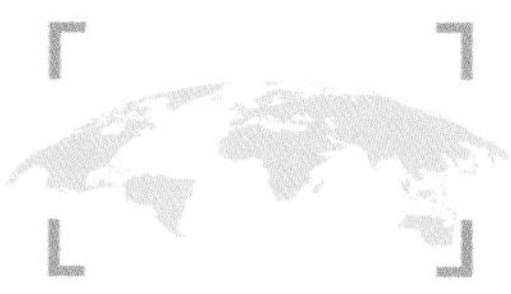

Daniel Valverde Fernández
Shaking Off the Snow
Ours polaire dans le blizzard, Canada, 2022
Polar bear in a blizzard, Canada, 2022

66 Cette photographie a été prise sur la côte de la baie d'Hudson, dans le parc national Wapusk, au Canada, au milieu du blizzard. À cet endroit, au début du mois de novembre, de nombreux ours polaires *(Ursus maritimus)*, aussi connus sous le nom d'ours blancs, se rassemblent en attendant que la mer gèle pour aller chasser le phoque. Ils doivent emmagasiner suffisamment de réserves de graisse pour la période de reproduction au printemps, puis pour la saison d'été. Or, à cause du réchauffement climatique, la banquise perd non seulement de son étendue et de son épaisseur, mais sa période de gel en hiver diminue, mettant ainsi en danger ces grands carnivores. L'espèce est aujourd'hui considérée comme « vulnérable » selon la liste rouge des espèces menacées de l'Union internationale pour la conservation de la nature (UICN).

66 *This photograph was taken on the coast of Hudson Bay, in Wapusk National Park, Canada, in the middle of a blizzard. Here, in early November, large numbers of polar bears (Ursus maritimus), gather to hunt seals while waiting for the sea to freeze over. They need to store enough fat reserves for the breeding period in spring and then for the summer season. However, because of global warming, not only is the sea ice losing its extent and thickness, but its freezing period in winter is also decreasing, putting these large carnivores in danger. The species is now considered "vulnerable" on the International Union for Conservation of Nature (IUCN) Red List of Threatened Species.*

LAURÉAT DE CATÉGORIE / CATEGORY WINNER

600 mm f/4 Lens - 1/8000 sec at f/5.6 ISO 2000

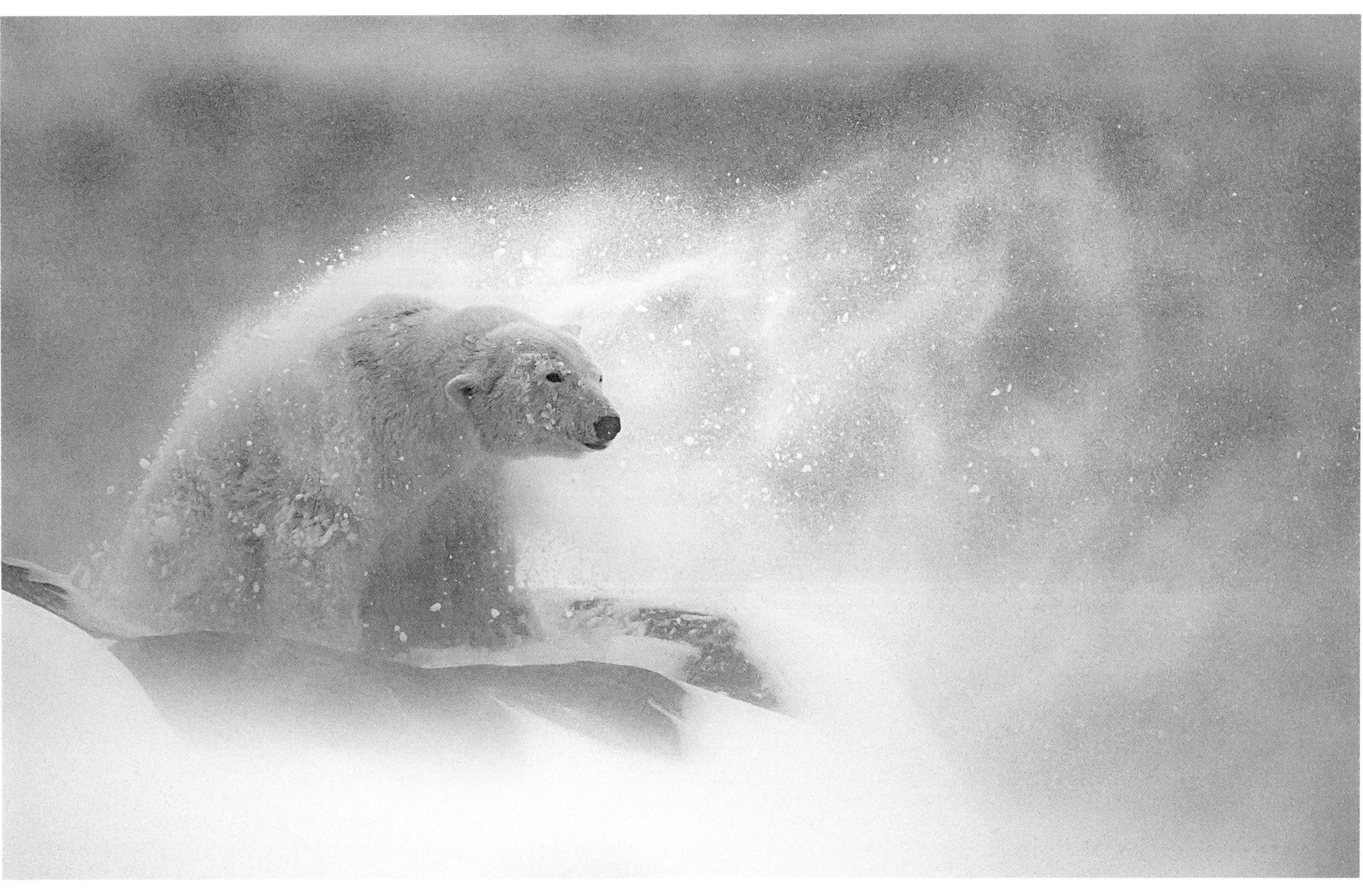

Ivan Pedretti
Rainbow Glacier
Lagon glaciaire de Fjallsárlón, Islande, 2020
Glacial lagoon of Fjallsárlón, Iceland, 2020

“ Au sommet du glacier Fjallsárlón, la douce lumière du soleil, caractéristique des hivers islandais, a fait apparaître un arc-en-ciel à travers la brume matinale, drapant le paysage de glace bleue. Ce lagon, situé dans le sud-est de l'Islande, se trouve dans le prolongement du plus grand glacier d'Europe, l'emblématique Vatnajökull, dont la formation remonte à plus de 4 000 ans. Celui-ci s'enfonce dans la lagune glacière où des icebergs se détachent, dérivent, puis fondent lentement, façonnant un paysage envoûtant. À cause du changement climatique, le rythme de fonte du Vatnajökull s'accélère et le bassin de Fjallsárlón s'étend. Ce lagon glaciaire situé dans le sud-est de l'Islande est la preuve tangible que le glacier Vatnajökull est en train de disparaître. Le mouvement progressif du bassin de glace fondue témoigne des conséquences du changement climatique dans un pays où les glaciers font partie intégrante de la vie et symbolisent la puissance inégalée de la nature.

“ *At the top of the Fjallsárlón glacier, the soft sunlight, characteristic of Icelandic winters, painted a rainbow through the morning mist draping the landscape in blue ice. This lagoon in south-east Iceland is an extension of Europe's largest glacier, the emblematic Vatnajökull, whose formation took over 4,000 years. The glacier crawls down into the lagoon, where icebergs break off and drift serenely around before melting, creating a spellbinding landscape. As a result of climate change, Vatnajökull is melting faster and the Fjallsárlón basin is expanding. This glacial lagoon, situated in southeast Iceland, stands as tangible evidence that the Vatnajökull glacier is vanishing. The gradual movement in the basin of melted ice testifies to the consequences of climate change in a country where glaciers have been an integral part of life and a symbol of nature's unmatched power.*

RUNNER UP

70-200 mm f/4 Lens - 1/400 sec at f/5.6 ISO 100

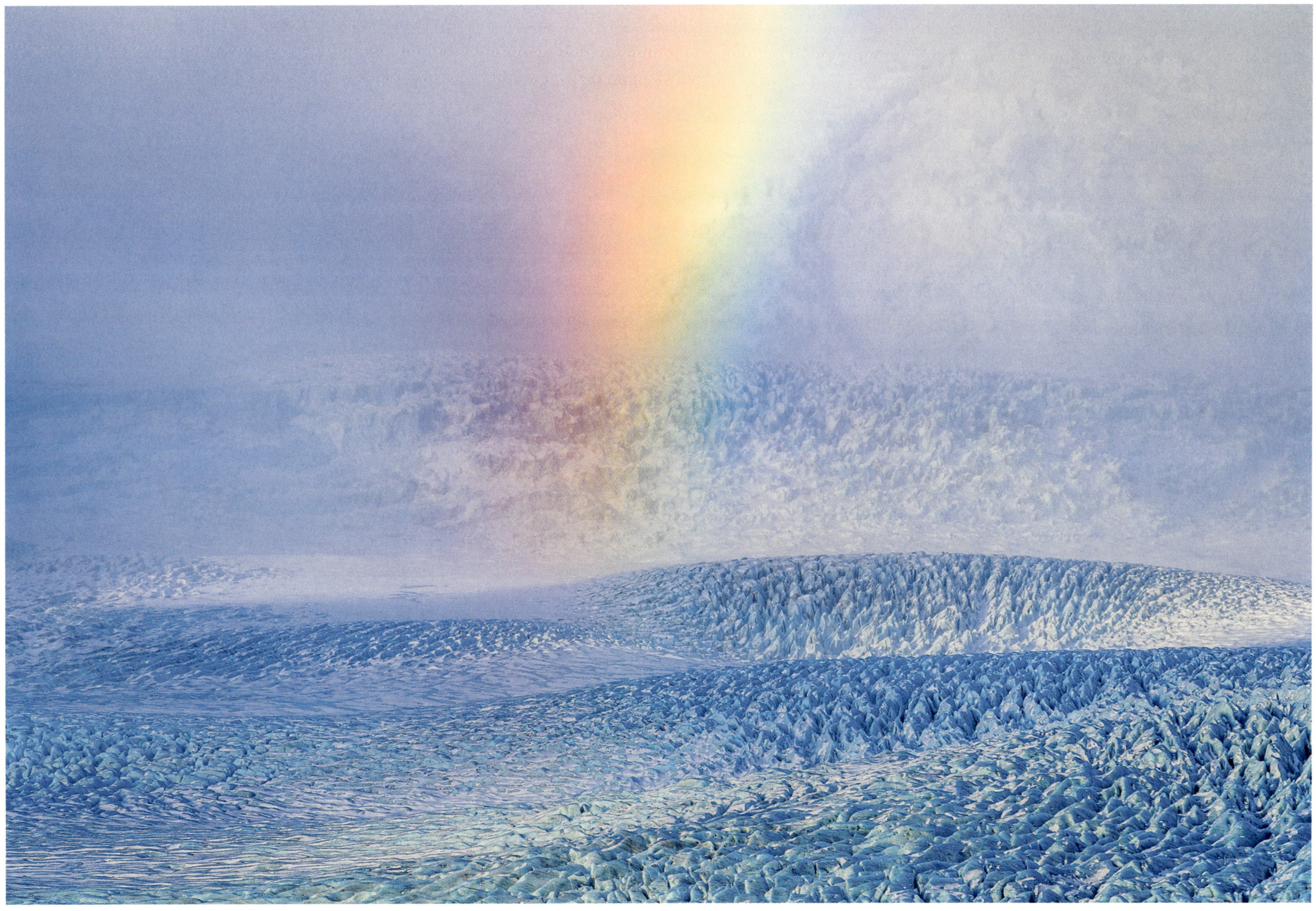

Florian Ledoux
On the Thin Ice
Ours polaire sur la banquise, Norvège, 2021
Polar bear on the sea ice, Norway, 2021

“ Chaque hiver, nous passons des mois sur la glace à documenter les ours polaires et à vivre avec eux, témoins de leurs comportements et de leur puissance incroyable. Cette image aérienne montre un ours blanc solitaire marchant gracieusement sur la glace de mer nouvellement formée sur la côte nord-est du Svalbard en Norvège. Une séquence fascinante dans un paysage gelé, fragile et éphémère. Les tempêtes incessantes de l'Arctique au mois de mars ont brisé l'ancienne banquise, et quand la glace de mer se reforme plus tard dans la saison, elle est moins épaisse qu'auparavant et d'autant plus vulnérable aux vents violents. Pourtant, ces mois de mars et d'avril devenus instables constituent la période de prédilection des ours polaires pour chasser sur la banquise, prouvant une fois de plus l'extraordinaire capacité d'adaptation de ces animaux dans l'un des environnements les plus hostiles au monde.

“ Every winter, we spend months out on the ice documenting and living with polar bears, witnessing their incredible behaviour and power. This aerial image shows a solitary polar bear gracefully walking on the newly formed sea ice on the north-east coast of Svalbard in Norway. A fascinating sequence in a frozen landscape that is fragile and ephemeral. The Arctic's relentless storms shattered the old fast ice in March, and when the sea ice reforms later in the season, it is thinner than before and all the more vulnerable to storms. However, these months of March and April, which have become unstable, are the polar bears' favourite time to hunt on the sea ice, proving once again the extraordinary adaptability of these animals in one of the world's most hostile environments.

---

28 mm f/2.8 Lens - 1/10 sec at f/4 ISO 100

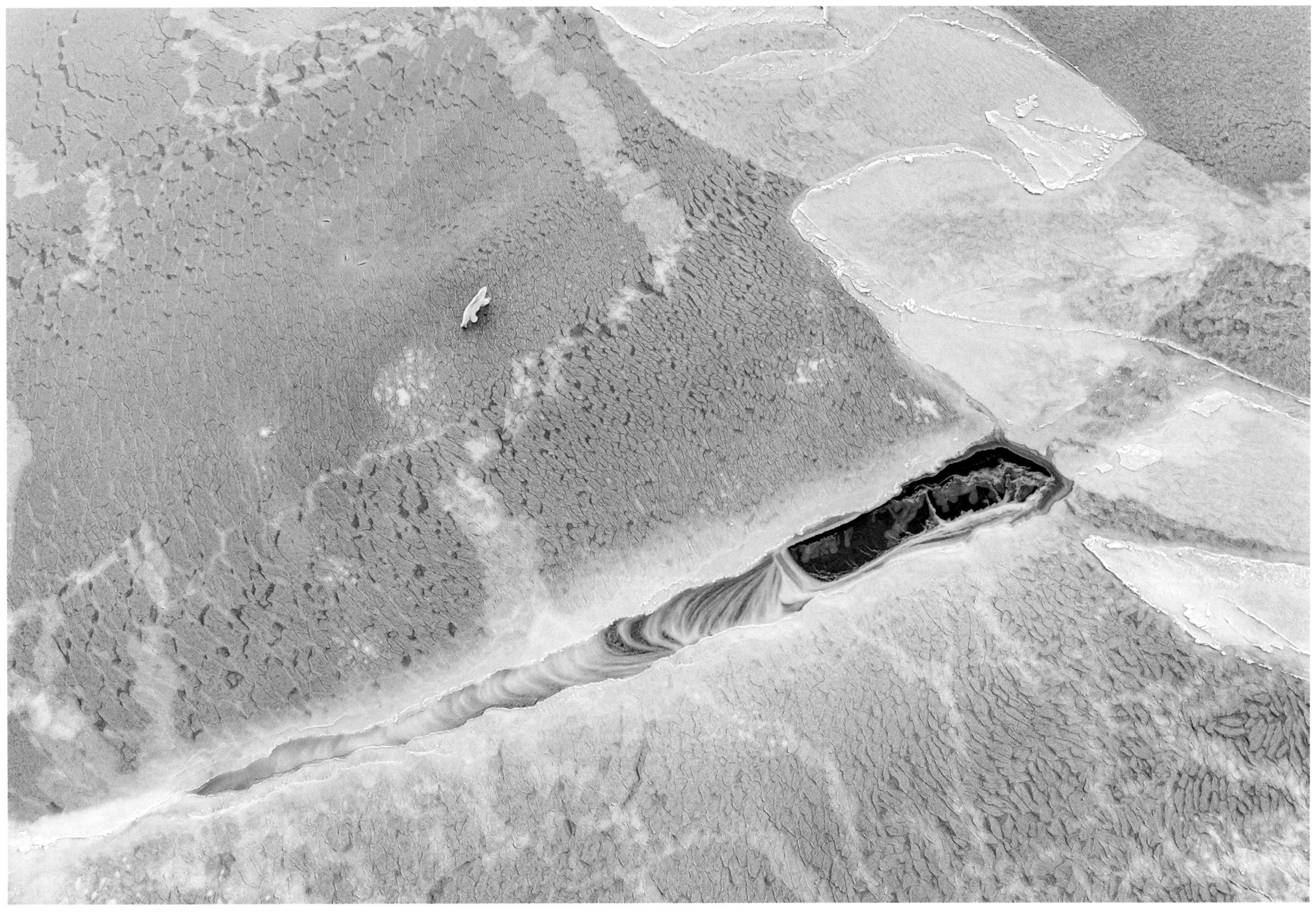

Ivan Pedretti

The Eye

Plage d'Uttakleiv, Norvège, 2020
Uttakleiv beach, Norway, 2020

66 J'ai pris cette photographie lors de mon premier voyage aux îles Lofoten en Norvège. Archipel situé à 300 kilomètres au nord du cercle polaire arctique, il présente des paysages à couper le souffle et notamment un écrin particulier, celui de la plage d'Uttakleiv sur l'île de Vestvågøy. Ses rochers caractéristiques au milieu du sable blanc donnent au site une beauté intemporelle. L'un d'eux, possédant en son centre une pierre sphérique, a attiré mon regard. La scène, illuminée par les aurores boréales, en devenait presque surréaliste. Au loin, les montagnes surplombent le fjord et la mer couleur émeraude. À travers cette image, j'ai voulu célébrer l'incroyable beauté de notre planète.

66 *I took this photograph on my first trip to the Lofoten Islands in Norway. An archipelago located 300 km north of the Arctic Circle, it boasts breathtaking scenery, including the remarkable Uttakleiv beach on the island of Vestvågøy. Its characteristic rocks amidst the white sand give the site a timeless beauty. One of them, with a spherical stone at its centre, caught my eye. The scene, illuminated by the mesmerizing northern lights, is almost surreal. In the distance, the mountains overlook the fjord and the emerald sea. Through this image, I wanted to celebrate the incredible beauty of our planet.*

MENTION D'HONNEUR / HONOURABLE MENTION

16-35 mm f/2.8 Lens - 1/20 sec at f/2.8 ISO 1600

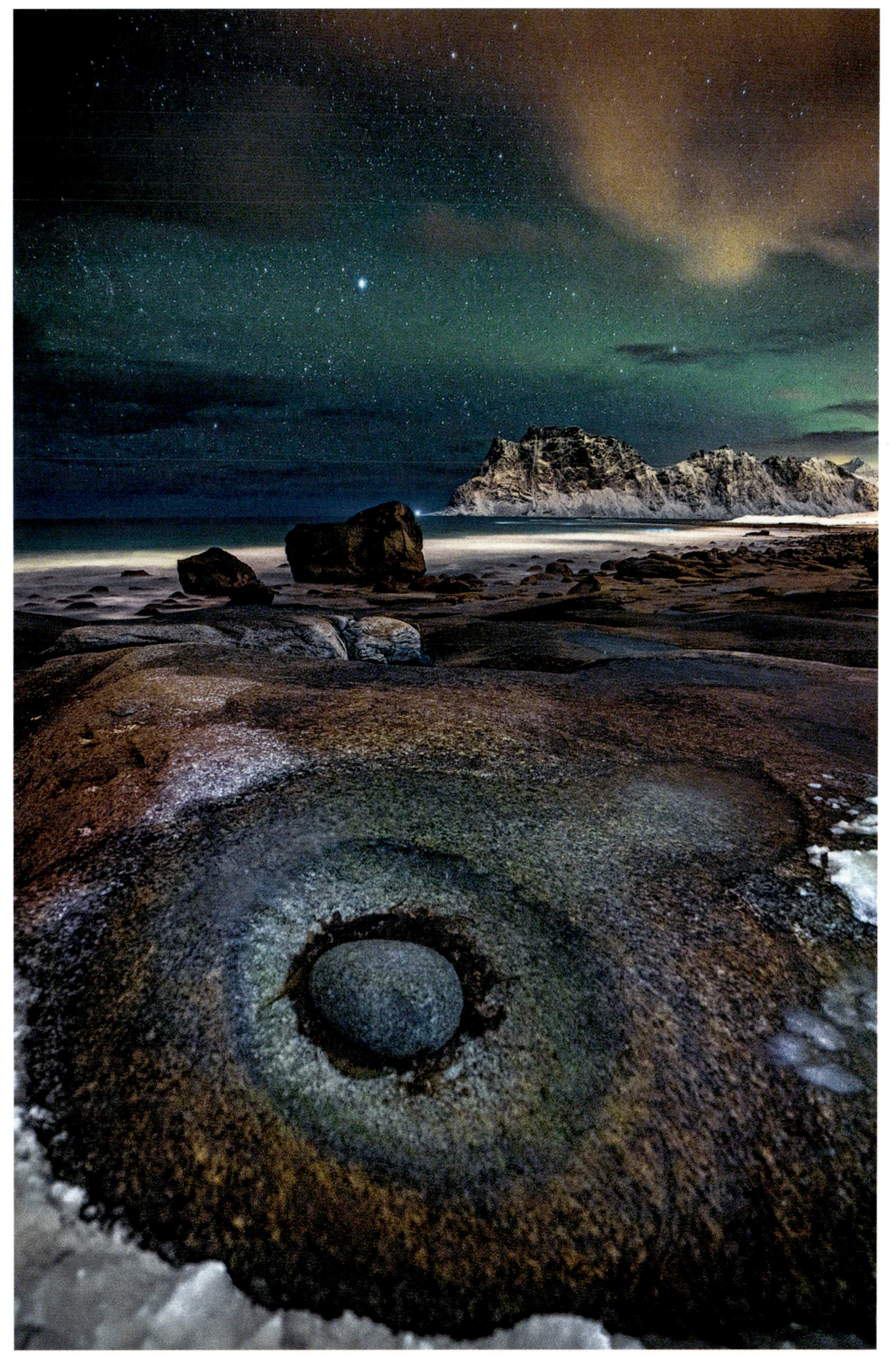

Gillian Evans
Ice Angel
Mouette blanche, Norvège, 2022
Ivory gull, Norway, 2022

66 Au large de la côte nord de l'archipel du Svalbard (à environ 80 degrés nord), à bord d'un petit bateau pneumatique, j'observais une mouette blanche *(Pagophila eburnea)* qui tournoyait autour d'un iceberg bleu vif. Alors qu'elle volait autour de cet iceberg, elle a déployé ses ailes comme un ange, avant de disparaître dans les profondeurs glacées. La mouette blanche ou ivoire – nommée ainsi du fait de son plumage immaculé – est un oiseau marin rare, que l'on retrouve principalement dans l'Extrême-Arctique, sous forme de colonies. Bien que parfaitement adaptée aux conditions extrêmes du pôle Nord, sa population est faible et compte parmi les espèces les plus vulnérables aux effets du changement climatique. Ces oiseaux marins sont des indicateurs précieux de la santé de la planète, mais ils restent difficiles à observer dans ces zones si compliquées d'accès pour l'homme.

66 *Off the north coast of the Svalbard archipelago, (at approx. 80 degrees North), whilst I was sitting in a small rigid inflatable boat, I observed an ivory gull* (Pagophila eburnea) *circling around a bright blue iceberg. As it flew around this iceberg it spread its wings like an angel before disappearing into the icy depths. The white or ivory gull - named for its immaculate plumage - is a rare seabird found mainly in colonies in the High Arctic. Although perfectly adapted to the extreme conditions of the North Pole, its population is small and one of the species most vulnerable to the effects of climate change. These seabirds are invaluable indicators of the planet's health, but they remain difficult to observe in these areas that are so complicated for humans to access.*

70-200 mm f/2.8 Lens - 1/3200 sec at f/5.6 ISO 1600

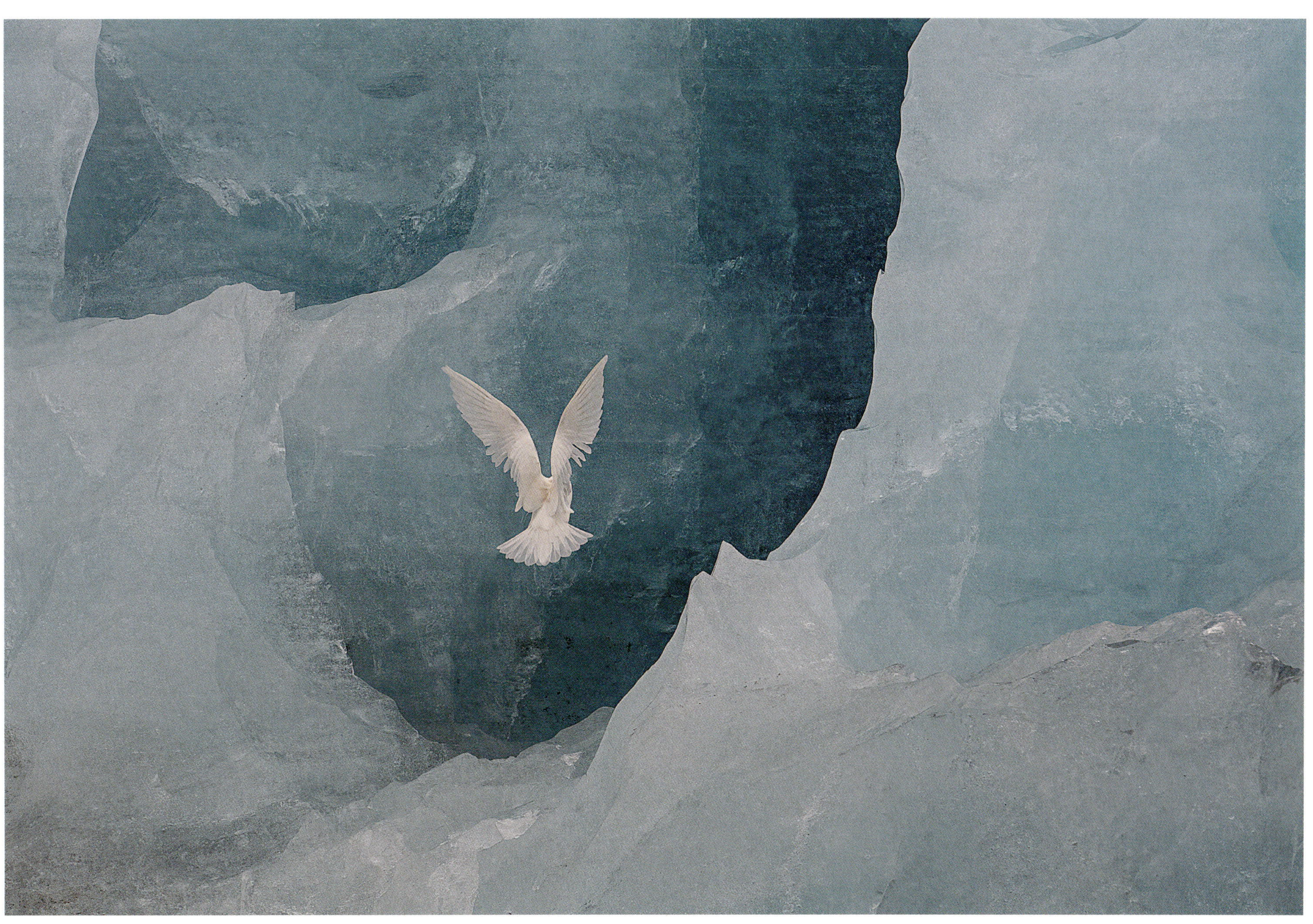

Marcus Westberg
Arctic Love
Glace en mouvement, Svalbard, Norvège, 2020
Moving Ice, Svalbard, Norway, 2020

66 Vus d'en haut, les mouvements de la glace en mer ont quelque chose d'envoûtant : la glace se brise et se reforme constamment, elle se déplace au gré des courants marins, changeant sans cesse, ne répétant jamais exactement les mêmes formes ni les mêmes motifs. Ici, pendant quelques instants, au large de la côte du Svalbard, en Norvège, elle a formé un cœur, juste au moment où mon drone passait au-dessus d'elle. Une image symbolique mais fugace – quelques minutes plus tard à peine, elle avait disparu – qui nous rappelle que la beauté se loge partout et toujours, même dans les conditions les plus difficiles.

66 *Seen from above, there's something mesmerizing about the movements of ice at sea: it is constantly breaking up and reforming, moving with the sea currents, always changing, never repeating the exact same shapes and patterns. Here, for a few moments, off the coast of Svalbard, Norway, it happened to form a heart, just as my drone passed above it. A symbolic but fleeting image – just a few minutes later, it had disappeared – that reminds us that beauty can be found everywhere and always, even in the harshest conditions.*

MENTION D'HONNEUR / HONOURABLE MENTION

---

28 mm f/2.8 Lens - 1/200 sec at f/5.6 ISO 100

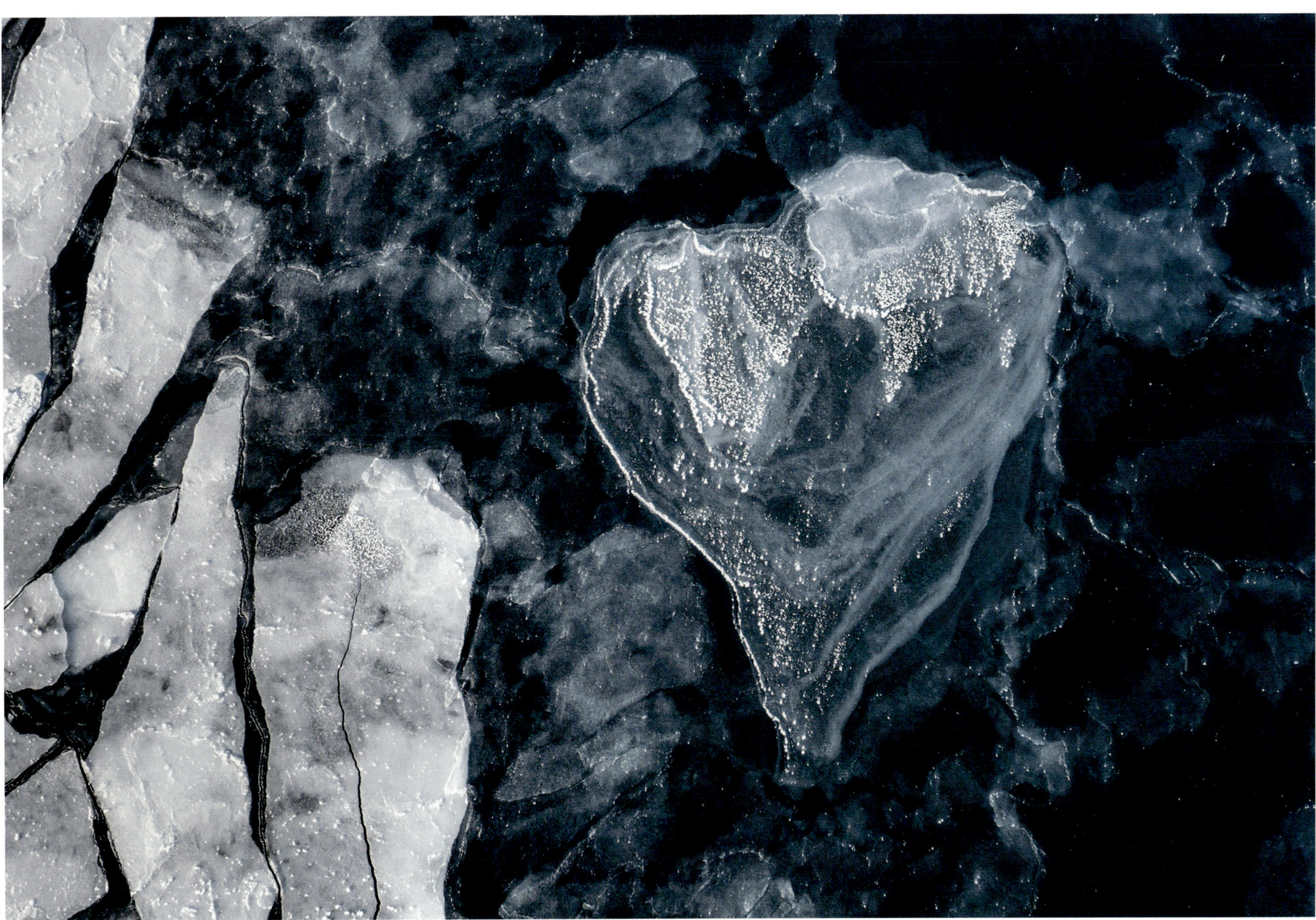

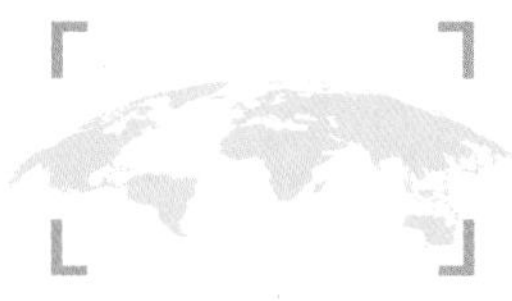

Thomas Vijayan
Parenting Goals
Famille de manchots empereurs, Antarctique, 2022
Family of emperor penguins, Antarctica, 2022

" Les manchots empereurs *(Aptenodytes forsteri)* présentent une dynamique familiale remarquable. Ces oiseaux majestueux, qui se reproduisent pendant la rude saison d'hiver, mettent en place une véritable coopération pour assurer la survie de leur unique petit. Le mâle couve l'œuf pendant 62 à 67 jours et la femelle, partie chasser en mer, revient avant l'éclosion. Les deux parents vont prendre soin de leur poussin et le nourrir à tour de rôle. Ici, deux adultes protègent leur petit duveteux grâce à la chaleur synchronisée de leur corps et en faisant barrage aux vents violents. Cette image m'est très chère car elle illustre les liens étroits qui les unissent. Oiseau endémique de l'Antarctique, le manchot empereur est classé parmi les espèces « quasi menacées » de la liste rouge des espèces menacées de l'Union internationale pour la conservation de la nature (UICN).

" *Emperor penguins* (Aptenodytes forsteri) *display remarkable family dynamics. These majestic birds, which breed during the harsh winter season, engage in intricate cooperation to ensure the survival of their only chick. The male incubates the egg for 62 to 67 days and the female, who leaves to hunt and feed at sea, returns before it hatches. Both parents actively participate in caring for the offspring and feeding it one after the other. Here, two adults are protecting their fluffy youngster with the synchronized warmth of their bodies and by blocking the strong winds. This image is dear to me as it shows the close bonding they share. An endemic bird of Antarctica, the emperor penguin is classified as "near threatened" on the International Union for Conservation of Nature (IUCN) Red List of Threatened Species.*

MENTION D'HONNEUR / HONOURABLE MENTION
PRIX DES LYCÉENS / STUDENTS' CHOICE

100-500 mm f/4.5-7.1 Lens - 1/1600 sec at f/7.1 ISO 125

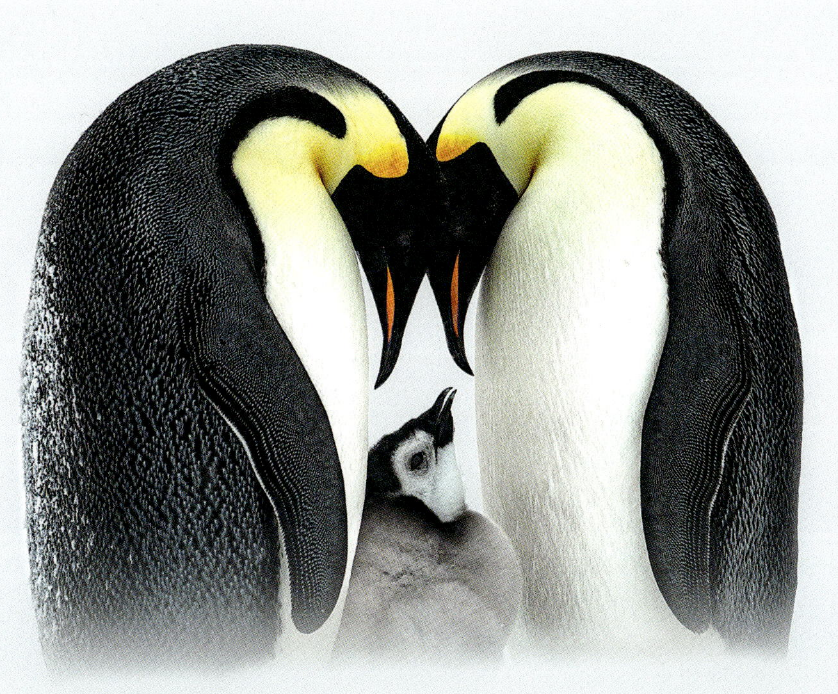

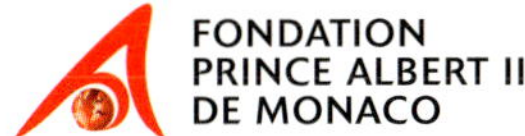

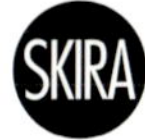

Fondation Prince Albert II de Monaco
Villa Girasole, 16 boulevard de Suisse, 98000 Monaco
www.fpa2.org

Directeur de la publication / *Publication Director*
Olivier Wenden
Vice-Président et Administrateur délégué
Vice President & CEO

Coordination éditoriale / *Editorial Coordination*
Nadège Massé
Directrice de la Communication
Communications Director

Céline Vacquier-Bekkari
Chargée de Communication, Médiation et Sensibilisation
Communications Officer - Mediation and Awareness

Conception graphique / *Graphic Design*
Aurély Antzemberger

Éditions Skira Paris
14 rue Serpente, 75006 Paris
www.skira.net

Responsable des éditions / *Senior Editor*
Nathalie Prat-Couadau

Responsable du projet / *Project Manager*
Roxanne Rebours

Chargée des projets éditoriaux et commerciaux
Project Manager and Editorial Coordinator
Meryl Mason

Responsable éditoriale / *Editorial Manager*
Juliette Chambon

Assistant éditorial / *Editorial Assistant*
Paul Bonete (stagiaire / *intern*)

Relecture / *Copyediting and proofreading*
Français / French : Laetitia Agostino
Anglais / English : Mark Nathan

Photogravure / *Color separation*
Litho Art New, Turin

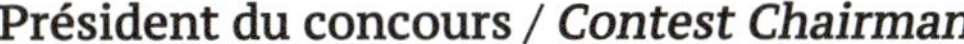

Président du concours / *Contest Chairman*
Sergio Pitamitz
Photographe animalier et de conservation et photographe pour *National Geographic Expeditions*
Wildlife and conservation photographer and photographer for National Geographic Expeditions

Comité honoraire du Prix de Photographie Environnementale
Honorary Committee of the Environmental Photography Award
Laurent Ballesta
Daisy Gilardini
Ami Vitale
Fredrick Dharshie Wissah

Achevé d'imprimer en mai 2024 sur les presses de Graphius, à Gand en Belgique / *Printed in May 2024 on Graphius presses in Ghent, Belgium*
N° ISBN : 978-2-37074-237-7
Dépôt légal Juin 2024 / *Legal deposit June 2024*

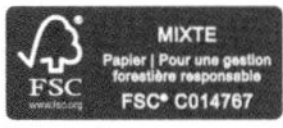

Cet ouvrage a été imprimé sur un papier certifié FSC et toutes les étapes de sa fabrication ont respecté cette certification qui encourage une gestion écologiquement adaptée, socialement bénéfique et économiquement viable des forêts de la planète, à travers des matériaux issus de forêts bien gérées, de matériaux recyclés et de matériaux issus d'autres sources contrôlées. www.fsc.org

This book was printed on FSC-certified paper and all stages of its production were carried out in accordance with this certification, which promotes the environmentally sound, socially beneficial and economically viable management of the world's forests through the use of materials from well-managed forests, recycled materials and materials from other controlled sources. www.fsc.org